科技创新服务能力建设-高精尖学科建设（C3009190301）

旅游目的地新媒体营销：策略、方法与案例 II

李 宏 主编

马佳丽 段冰杰 王多槐 赵 敏 张亚南 副主编

旅游教育出版社

·北京·

图书在版编目（CIP）数据

旅游目的地新媒体营销 ：策略、方法与案例．Ⅱ / 李宏主编．-- 北京 ：旅游教育出版社，2021.10（2025.7重印）
ISBN 978-7-5637-4316-2

Ⅰ．①旅… Ⅱ．①李… Ⅲ．①旅游地－网络营销－研究 Ⅳ．①F590.82

中国版本图书馆CIP数据核字(2021)第219836号

旅游目的地新媒体营销：策略、方法与案例Ⅱ

李 宏 主 编

马佳丽 段冰杰 王多槐 赵 敏 张亚南 副主编

责任编辑	何 玲
出版单位	旅游教育出版社
地 址	北京市朝阳区定福庄南里 1 号
邮 编	100024
发行电话	（010）65778403 65728372 65767462（传真）
本社网址	www.tepcb.com
E - mail	tepfx@163.com
排版单位	北京旅教文化传播有限公司
印刷单位	唐山玺诚印务有限公司
经销单位	新华书店
开 本	787 毫米 × 1092 毫米 1/16
印 张	10.25
字 数	149 千字
版 次	2021 年 10 月第 1 版
印 次	2025 年 7 月第 5 次印刷
定 价	69.00 元

（图书如有装订差错请与发行部联系）

前 言

时间平稳地飞走，一切都变得太快。手机的功能越来越强大，互联网的速度越来越快，人的自由度越来越高。旅游已经成为生活的日常，出去走一走，边走边记录，边感慨边发表。一切对于古老文明的探寻，一切对于新鲜事物的走访，站在海边面对辽阔世界的震撼，踞于山巅胸中澎湃着“仁者乐山”的豪情，行走在闹市体味同一个世界的不同状态，见到各种各样的人，听到各种各样的声音，一切的一切，旅游能带给我们的，我们都能即刻记录下来，并且能即刻与众人分享。

现在的世界越来越智能，以社交媒体为代表的新媒体层出不穷，技术也越来越便利，新手用户很快能入门，来自旅游者的攻略信息很容易找到，为后来的人们提供了有价值的参考和引导。

旅游目的地是旅游者一切活动的空间载体，目的地自己最了解自己，发布的信息是权威的也是最全面的。如何利用好当前最时髦的新媒体，把自己拥有的美好告诉希望看世界的人们，又如何把现成的来自旅游者的切身体验聚合起来，集中发布，这些都将增加旅游目的地的曝光度，让更多的人喜欢这里，并吸引更多的旅游者前来。

运用媒体与旅游者之间进行信息沟通，一直是旅游目的地开展营销活动的主要内容，新媒体的出现，增加了媒体的种类，改变了媒体的运作模式，也为目的地与旅游者之间的互动提供了更多的可能。

本书第一版的出版在2014年，目的在于总结旅游目的地运用新媒体开展营销的经验。几年时间过去，再翻开第一版时，发觉当时运用得比较成熟的新媒体，有很大一部分已经成为明日黄花，对比今日，更多的依托于移动互联网的新媒体成长起来，面对的是新的用户，信息呈现的模式也更加灵活、美观，越来越有吸引力，而且根据大数据更有针对性地推送信息。

本书第二版的编写与出版，目的依然是总结经验，为旅游目的地开展营销提供参考，同时承担了一份承接的责任。随着信息技术的发展与不断地创新，相信会有更新的新媒体不断涌现，可以为旅游者所用，为旅游目的地所用。我们会持续关注这个领域，到了合适的时候，再做更新。

编者

2021 年 9 月

目 录

第一部分 总 论

第二部分 旅游目的地新媒体营销手段及案例

第三部分　综合案例

第一部分 总论

第一章　旅游目的地新媒体营销概述

第一节　旅游目的地营销

一、旅游目的地

对旅游目的地（Tourism Destination）概念的界定经历了由客观的地理特征向主观的感知特性的转变。传统旅游理论认为旅游目的地是明确的地理区域，如一个国家、一个岛屿或一座城市。在此种定义下，旅游目的地的类型主要包括国家旅游目的地、区域性旅游目的地、城市旅游目的地和景区型旅游目的地 4 种。伴随旅游业的发展，旅游目的地的概念逐渐囊括旅游者主观性的知觉认识，这些认识来源于他们的旅行路线、文化背景、游览目的、受教育程度以及以往的经历等。因此人们认识到，满足旅游者旅游欲望、创造旅游体验也成了旅游目的地的重要功能。

从市场角度看，旅游目的地作为一种产品参与到旅游业的市场竞争中，须具备以下四个条件：一是要拥有一定数量的能够满足旅游者需求的特定的旅游资源，能够吸引一定数量的旅游者前来的旅游产品；二是要拥有各种能够与旅游资源相配套的旅游接待设施，如酒店、旅行社、餐馆等旅游接待设施以及医院、公共服务机构等公共设施；三是旅游目的地可进入性，主要是目的地的交通设施，包括机场、车站、港口、公路等，旅游者可以借助这些设施顺利到达旅游目的地；四是目的地相关的旅游组织，包括旅游目的地的管理部门以及各种旅游行业协会等，保证旅游者在目的地的旅游活动能够顺利完成。

综合国内外学者研究的成果，本书将旅游目的地界定为：具有一定旅游吸引力和旅游接待能力，能提供给游客旅游体验的，涉及众多利益相关者的特定区域。它具有整体形象一致性和整体利益一致性的特点。

二、旅游目的地营销

在利珀（Leiper）的旅游地理系统模型中，旅游目的地与旅游客源地连接起整个旅游活动的过程，同时也构成旅游市场的重要组成部分。旅游目的地营销正是通过营销活动与竞争对手展开竞争以吸引客源地旅游者前来。因此，营销活动既是旅游目的地开拓及扩展客源市场的重要途径，也对促使旅游活动发生具有重要意义。

综合国内外学者对旅游目的地营销的定义，本书将其概括为：目的地作为一个整体，向旅游者提供旅游目的地相关信息，突出旅游地的形象并打造景区吸引物，通过向潜在群体和目标群体进行营销以吸引其注意力，诱发其对旅游目的地的向往，进而产生旅游消费。

三、旅游目的地营销的必要性

旅游目的地是旅游者旅游行为的发生地，在整个旅游系统中占据着非常重要的地位。一个旅游目的地能否吸引旅游者前来旅游观赏，营销活动发挥着至关重要的作用。旅游消费行为的异地性、旅游产品的综合性以及旅游投资的刚性，三者共同决定了旅游目的地开展营销活动的必要性。

服务产品的消费过程主要分为三个阶段，即消费决策制定阶段、消费阶段和消费后评价阶段。旅游者的消费决策一般在客源地做出，而旅游服务的消费阶段主要发生在目的地，因此旅游消费过程的空间分离构成了旅游消费行为的异地性特征。一般来讲，消费决策的制定发端于消费动机的产生，终止于消费方案的选择，整个决策制定过程贯穿着对信息的处理活动。因此，消费者掌握信息的数量与性质是影响消费决策制定的关键因素。消费者制定决策所依赖的信息中，只有来源于商业活动的外部信息可由营销组织控制，人际信息、公共信息和经验信息等其他外部信息以及消费者的内部信息则非营销组织可控，同时旅游目的地与客源地之间空间距离的存在，减少了客源地公共信息来源所传播的目的地的信息量。旅游消费的异地性对非营销控制信息来源的负面影响，要求旅游目的地传播足够的信息，以满足潜在旅游者在评价与选择旅游目的地时对信息的需要。

旅游者的旅游经历包括从其离家外出直至返回其惯常居住地的完整出行过程，这期间旅游者存在食、住、行、游、购、娱等多方面的旅游需求，这些需求的满足则需要不同类型的企业为其提供相关产品和服务，而旅游目的地则囊括除大交通之外的其他旅游需求的实现。因此，旅游产品的综合性特点要求旅游目的地整合相关旅游组织及企业开展综合性营销活动。一方面，旅游目的地有必要在目标市场上投射良好的目的地形象以吸引旅游者前来；另一方面，旅游目的地应该考虑建立信息平台传播旅游企业的供给信息。

旅游目的地的发展是一个供需互动的过程。旅游需求的波动性较大，而旅游供给的刚性较强（如旅游设施的供给），一旦旅游目的地进入了成规模的开发阶段，目的地的整体营销活动就成了保证需求稳定的必要手段。此时，旅游目的地营销的目的已经突破了协助目的地企业开展营销的范围，而是站在目的地投资主体的角度，保护的是目的地的整体利益。

第二节　旅游目的地新媒体营销

一、新媒体概述

随着计算机技术的不断更新以及 Web 2.0 时代的快速发展，各种新兴的媒体形态不断涌现，如数字杂志、数字报纸、数字广播、移动电视、智能手机、触摸媒体、楼宇广告、网络游戏等，它们被统称为“新媒体”。由于新媒体超出了传统意义上的四大媒体报纸、杂志、广播、电视的范畴，它被形象地称为“第五媒体”。

新媒体是利用数字技术、网络技术和移动通信技术，通过互联网、宽带局域网、无线通信网和卫星等渠道，以电视、电脑为主要输出终端，向用户提供视频、音频、语言数据服务、连线游戏、远程教育等集成信息和娱乐服务的所有新的传播手段和传播形式的总称。①

新媒体集合了多种传统媒体的优势，网罗了全球信息，使信息传播从“一对多”升级为“多对多”。新媒体的出现孕育着一场社会信息化和以知识经济为基本特征的媒体传播革命，改变了传统的信息交流的方式，从信息传播的角度来看，新媒体对市场营销的影响力是巨大的。

与传统媒体相比，新媒体在传播状态、传播范围、传播形式、传播效果等方面具有以下 6 个特征：多点对多点传播；传播速度快；传播范围广；互动性强；传播形式多样化；传播成本低。

---

① 宫承波，刘姝，李文贤 . 新媒体失范与规制论［M］. 北京：中国广播电视出版社，2010.

新媒体的媒体形态丰富，并且随着信息技术的发展处于不断创新变化中，新的形态层出不穷，并呈现出媒介融合的趋势。将新媒体的种类进行严格的界定是不现实的，本书将沿用前一辑中对新媒体的分类方法，将现有的新媒体形态按照传播媒介不同分为以下四大类：

● 基于互联网的新媒体类型：门户网站、搜索引擎、SNS（Social Networking Services，社会性网络服务）网络社区、BBS（Bulletin Board System，电子公告牌系统）网络论坛、网络团购、网络电视、网络游戏、网络电影、网络视频、网络广播、电子杂志/电子书、电子邮件、即时通信、微博/博客/播客、换客/威客等；

● 基于数字网络的新媒体类型：数字电视、车载电视、数字屏幕等；

● 基于无线网络的新媒体类型：手机短信/彩信、手机电视/广播、手机报纸/出版、移动终端（手机、iPad）客户端等；

● 基于跨网络的新媒体类型：IPTV（Internet Protocol Television），即交互式网络电视，是一种利用宽带有线电视网，集互联网、多媒体、通信等技术于一体，向家庭用户提供包括数字电视在内的多种交互式服务的新技术。

与传统媒体（报纸、杂志等）传播行为的专业化和规模化相比，新媒体通过数字技术和网络技术，降低了信息传播的经济和制度成本，增强了传播的时效性，且传播内容与形式更加丰富，大众传播需求更容易得到满足，从而在大众范围内得到迅速扩展和应用，对媒体产业产生了深远的影响。首先，新媒体的出现促使消费者越来越多地参与到信息传播的过程中，信息传播链上的互动性和参与性不断增强，使得信息传播由“单向传播”向“双向传播”“多向传播”转变；其次，层出不穷的新媒体形态使得消费者对于信息传播的要求提高，在不同的媒体形态和传播状态之间切换的速度越来越快，大众市场被分割为许多小众市场，这些小众市场倾向于不同的传播媒体和传播方式，因此，新媒体的出现也导致了“大众市场”向“小众市场”的快速转变；再次，为了适应并满足消费者的不同需求，增强与消费者的互动性，新媒体形态不断推陈出新，促使媒体产业中不同媒体之间的竞争加剧；最后，为应对激烈竞争导致的媒体市场“碎片化”态势，新媒体行业正经历着从“野蛮生长”向“多元有序”的局面的转变。

二、旅游目的地新媒体营销

相对于传统意义上的目的地营销，旅游目的地新媒体营销主要是指基于网络信息技术，利用新媒体作为营销载体而开展的目的地营销活动。在旅游目的地新媒体营销中，旅游者既是信息的接收者同时又是信息的生产者，单向交流变成互动性更强的双向沟通，大大提高了信息传播的效度、深度与广度。

基于新媒体环境，旅游目的地营销的运作模式已然改变。首先，在营销主体方面，虽然国家旅游组织和地方旅游组织依然是营销主体，但是在旅游目的地新媒体营销的过程中，通过互联网、移动传媒等渠道强化了国家旅游组织对地方旅游组织的监督与促进作用，同时各地方旅游组织之间的互动也更加频繁和显著。新媒体缩短了时空距离，使得本国旅游组织在客源国开展的营销活动更加频繁和直接。其次，在营销客体方面，与传统营销客体的群体广泛性相比，新媒体营销更专注于某个群体中的个体，针对不同用户的特征开展精准营销。同时，随着互联网以及移动端应用的广泛普及，新媒体用户的数量不断攀升，对新媒体营销市场的扩展极为有利。再次，传播媒介的改变促使旅游目的地营销渠道进一步改变。新媒体的传播媒介已由传统的电视、报纸、杂志、广播转变为基于 Web 2.0 因特网技术的智能手机、平板电脑等移动传媒设备，越来越多的新媒体手段成为旅游目的地营销的核心渠道，扮演着愈来愈重要的角色。最后，营销效果的反馈方式也发生了巨大变化。过去主要依赖纸质问卷、电子邮件来进行调查，且最终结果只能是事后反馈，时效性低；而新媒体则促使大量由用户生成的内容（User-Generated Content，UGC）不断出现，用户不仅可以在产品体验结束后进行评论，也可以在体验过程中及时反馈，产品和服务提供方亦可及时跟进信息，快速处理。因此，新媒体几乎可以渗透到旅游营销的各个阶段，而且，新媒体在信息处理方面具有绝对的优势，对于那些需要进行异地处理且信息量庞大的环节，它具有人工方式所无法替代的低成本、高速度、高精度的特点。

三、新时期旅游目的地新媒体营销的新趋势

在新媒体出现以前，旅游目的地营销只能借助于电视、广播、报纸、杂志等传统媒体，传播方式有限，受众范围太广泛且不具备细分能力，无法做到精准营销。随着新媒体的出现，旅游目的地可以通过互联网在 PC（Personal Computer，个人电子计算机）端、移动端，利用目的地官方网站、网络论坛、博客、微博、团购网站、社交网站等新媒体开展营销活动，改变了过去“单向传播”的营销信息传播模式，促使广大消费者主动参与到旅游目的地营销活动中，既提升了消费者的参与性和活跃度，也提高了旅游目的地的知名度。新媒体同时也使旅游者的旅游过程“可视化”，既有助于提升旅游者体验，同时也可使旅游目的地营销组织更好地把控营

销过程，确保每一环节营销信息的有效传播和处理。

Wed 2.0 时代开启了“人”的连接，催生出一批又一批开放、共享的社会化媒体，尤其以论坛、博客、微博、微信等信息聚合平台为代表，用户分享、信息聚合、兴趣社群、开放平台已成为新媒体时代最为显著的特征。伴随着互联网技术的快速发展，新媒体经历了移动化、社交化、视频化等趋势，极大地提升了信息分发和传播的能力，使人人共享成为可能。而在信息生产方面，新媒体的出现也改变了过去信息生产主体单一的状况，多种主体以多种形式参与公共信息生产的“众媒化”现象已是大势所趋，同时，在当前移动互联的新形势下，新媒体越发重视“内容＋关系＋服务”的融合，这为提升信息品质、吸引潜在流量、增强传播效能提供了可靠保障。新科技引领新产能，移动互联技术促使移动端用户数量猛增，大数据、云计算等技术为描绘用户画像、实现精准送达提供支持，在人工智能等技术的推动下，人机交互更趋自然，语音交互、手势交互更趋成熟，以刷脸为代表的图像识别技术的应用范围不断扩展，物联网、VR/AR（Virtual Reality，虚拟现实技术；Augmented Reality，增强现实）等新技术也支撑着新媒体越来越智能化，向智媒化时代不断迈进。

旅游目的地营销的关键在于将旅游目的地有关旅游者需求的食、住、行、游、购、娱等信息进行整合和分发，新媒体的出现使营销渠道不断拓宽，营销主体的变化也使营销信息的来源增多。除了目的地营销组织外，旅游者发布在新媒体平台的评论、攻略、游记、小视频、直播等内容也为其他潜在旅游者提供了目的地相关的信息。

新媒体所具备的传播速度快、范围广、效率高、互动性强、传播形式多样化等特点以及其所具备的巨大流量和精准送达能力都使旅游目的地更依赖于新媒体开展营销活动。伴随着新媒体的发展演进，旅游目的地新媒体营销也发生着一系列的变化。

1. 全面移动化

根据中国互联网协会发布的《中国互联网发展报告（2019）》统计，截至 2018 年底，我国网民规模 8.29 亿，全年新增网民 5653 万，互联网普及率 59.6%，较 2017 年提升 3.8%，超全球平均水平（57%）2.6%。手机网民规模 8.17 亿，较 2017 年新增手机网民 6433 万，其中网民中使用手机上网的比例由 2017 年底的 97.5% 上升至 98.6%，移动互联网基本实现全覆盖[①]。移动互联趋势下用户活跃度更高，各新

① 2019 中国互联网发展报告［EB/OL］.［2019-08-17］. http://www.360doc.com/content/19/0817/18/37788672_855520330.shtml.

媒体平台纷纷致力于移动应用的打造和升级，以吸引更多用户形成巨大流量。旅游目的地营销组织除了在新媒体平台投放大量广告宣传获取关注、吸引广大客流之外，还根据移动设备的智能应用，打造诸如“一部手机游云南”这样专属于目的地的旅游应用平台。

“一部手机游云南”是2017年9月云南省与腾讯公司联合打造的一项全域旅游智慧工程，建成了一个旅游大数据中心、旅游综合服务平台和旅游综合管理平台两个平台、三类旅游应用端口和五套体系支持。旅游综合管理平台的建立实现了服务评价、投诉受理、联动执法、诚信体系、舆情监控、客流监测、产业运行监测等功能于一体，更便捷地为游客提供服务，提升旅游管理能力。面向游客的“游云南”APP（Application，应用程序）和小程序除了向游客提供刷脸入园、在线买茶、投诉、扫景点、识花草、看直播、找厕所等服务外，还提供了覆盖全省的诚信服务。自2018年6月上线以来，“游云南”产品体系、运营体系已为公众提供近6700万次服务，APP平台用户人数突破400万，月活跃用户超过100万①。与此同时，腾讯文旅的“一机游”模式实现规模化复制，可在全国范围内助力文旅产业数字化升级。

2. 社交化

人是社会动物，社交使人与社会产生连接。从最初作为工具满足用户的社交需求到现在越来越多地运用社交需求实现市场细分，社交化始终伴随着新媒体的发展演进。以社交为基本特征的新媒体，除了为用户提供日常交流和服务的功能外，也逐渐升级为一种信息聚合的平台，如微博、微信等新媒体供旅游目的地开展营销所用。

微博是一种基于用户关系的、信息分享、传播和获取的广播式社交媒体平台，允许用户通过PC端、手机等多种终端接入，以文字、图片、视频等多媒体形式，实现信息的即时分享、传播互动。旅游目的地可以运用多种形式在微博上开展营销，通过开通官方微博账号定时发布旅游目的地相关资讯，通过建立话题、标签、开展活动等与用户进行互动，吸引潜在旅游者的关注，微博用户则可以通过关注账号、评论转发、活动互动、加入微群等方式获得旅游信息。新浪微博所发起的“带着微博去旅行”活动已吸引了3亿人次参与到这场互动中，在微博上建立了包括北京、上海、美国、墨西哥等国内外99个目的地，“带着微博去香港”“带着闺蜜去

① “一部手机游云南”斩获国际大奖［EB/OL］.［2019-10-28］. https://baijiahao.baidu.com/s?id=1648597694956084867&wfr=spider&for=pc.

旅行”“旅行最美风景照”等多个活动话题火爆微博，明星红人、企业机构、合作景点、旅游局等积极参与，共同掀起一场线上线下互动的全民旅游热。

微信则是一款跨平台的即时通信工具，支持单人、多人参与交流，通过手机网络发送语音、图片、视频和文字。旅游目的地通过建立微信公众号、开发小程序、应用微信支付、企业微信、微信搜索等开放平台以及朋友圈广告推送等形式开展营销。微信于 2019 年 11 月成立“微信国家欢迎计划”联盟，与迪拜、丹麦、马来西亚、俄罗斯等多家境外旅游局达成合作，以官方形式入驻微信小程序，为出境游客提供相关信息服务。

3. 共享化

新媒体最突出的特征是改变了过去信息单向传播的模式，创造了传播者和接受者之间随时随地的双向传播，实现了所有人向所有人的传播模式。这样的传播模式导致了新媒体的开放性和参与性，也为信息共享创造了可能性，因此海量 UGC（User Generated Content，用户生成内容）的出现成为信息共享时代最大的特征。越来越多的媒体、企业、商家开始重视受众、用户对项目或商品的参与性，旅游目的地更是如此。

注重用户体验成为新媒体技术升级和内容精细化的主要目标。在新媒体语境下，“以用户为中心”的传播方式越来越深入到策划、设计、功能等一系列用户体验当中，如马蜂窝、小红书、抖音等新媒体平台的设计理念更加人文化、情感化、圈子化，功能设计上越来越体现出个性化的“私人订制”。内容推送也会通过大数据算法实现精准触达，新媒体的每一次设计、升级和维护都是为了更好地满足受众越来越精细化和个性化的需求。而在内容生产方面，旅游目的地除了进行官方发布外，也开始利用旅游攻略、游记、评论、视频等 UGC 探索用户对目的地的真实体验和想法，进而获取改进旅游目的地、完善营销策略的一手材料，提升旅游目的地形象，以期吸引更多潜在旅游者的关注。

与此同时，在社交化和共享化的共同作用下，兴趣社群不断涌现并不断扩张，由于 UGC 质量参差不齐，PUGC 便从 UGC 中逐渐分离，成为兴趣社群的专业知识普及者，主导着兴趣社群信息的获取。所谓 PUGC，即专业用户生产内容（Professional User Generated Content），是指在互联网内容创作中具有专业知识、背景和权威的创作者创作的专业化内容，如各新媒体平台的 KOL（Key Opinion

Leader，关键意见领袖）、科普作者等所生产的内容[①]。旅游目的地营销组织也逐渐运用 PUGC 开展营销，如邀请热门公众号、微博博主、短视频博主、旅游达人等为目的地撰文、拍视频、写攻略、开直播等，利用他们自身携带的巨大流量，为旅游目的地博取关注，吸引客源，扩大市场。

4. 视频化 / 临场化

伴随着抖音、快手等短视频平台的兴起，视频营销可以说是近些年来旅游目的地首要的营销渠道。据中国互联网络信息中心发布的第 43 次《中国互联网络发展状况统计报告》数据，截至 2018 年 12 月，我国短视频用户规模达 6.48 亿，内容视频化成为移动互联网一大趋势，一大批场景化、生活化的原创短视频纷纷涌现，在多样化、碎片化和视听化的网络时代，短视频开创了旅游目的地营销的新模式。短视频兼具内容入口与社交基因，对用户极具吸引力，在原创内容的带动下，一边旅游一边分享短视频成为旅游新常态，竞相模仿或二度创作的短视频在消费者的自主参与下形成"病毒式传播"，而旅游目的地刚好可以借势热点话题和平台，通过精准营销获得易感人群，找到他们的关注点，增强旅游者的情感共鸣和忠诚度。

2018 年 9 月，抖音、头条指数与清华大学国家形象传播研究中心城市品牌研究室联合发布的《短视频与城市形象研究白皮书》中显示，西部三城重庆、西安和成都的城市形象视频播放总量领先全国，超过北上广深等一线城市。从播放总量来看，重庆的城市形象相关视频总播放量达 113.6 亿，高居榜首，成为名副其实的"抖音之城"。通过抖音平台播放的相关视频，重庆的城市形象得到具象化，"魔幻 3D"的山城地形、火锅美食和美女美景等文化符号将重庆的人文风俗、地理面貌完美呈现。而西安则因"摔碗酒""大唐不夜城""不倒翁小姐姐"等文化符号在互联网走红，2018 年 4 月，西安旅发委与抖音合作宣传推广西安的文化旅游资源，推出"四个一计划"，通过文化城市助推、定制城市主题挑战、抖音达人深度体验、抖音版城市短片来对西安进行全方位的包装推广，用短视频来向全球传播优秀传统文化和美好城市文化。抖音平台带动城市形象塑造更加灵活、多元和接地气，也为用户的参与提供了更多的方式。截至 2019 年 1 月，抖音国内用户规模日活跃用户数 2.5 亿，截至 2018 年 12 月，快手国内用户规模日活跃用户数 1.6 亿，这无疑为旅游目的地开展短视频营销、重塑目的地形象提供了巨大的帮助。

同样，网络直播也为旅游目的地营销开辟了新渠道。网络直播不同于短视频的

① 陈明明．从内容生产模式看短视频商业营销策略［J］．中国广播电视学刊，2019.

录制拍摄，它通过在线视频连接给观众营造一种临场化的氛围。网络直播吸取和延续了互联网的优势，利用视讯方式进行网上现场直播，可以将产品展示、相关会议、背景介绍、方案测评、网上调查、对话访谈、在线培训等内容现场发布到互联网上，利用互联网的直观、快速、表现形式好、内容丰富、交互性强、地域不受限制、受众可划分等特点，加强活动现场的推广效果。现场直播完成后，还可以随时为读者继续提供重播、点播，有效延长了直播的时间和空间，发挥直播内容的最大价值。2019 年李佳琦、薇娅等一众头部主播让网络带货直播成为营销的一把利器，旅游目的地也开始利用网络直播进行营销。除去常见的主播在直播间介绍旅游线路和产品外，更多主播走上全国各地甚至是全世界各地的街头、景区，通过视频向观众展示并描述在当地的旅游体验，吸引观众线上下单，去感受目的地的风光。

于旅游目的地而言，新媒体渠道和流量都已具备。目的地可以根据不同新媒体平台的特点有针对性地投放广告宣传，开展营销活动。不过，在如今的新媒体场景下，旅游目的地还需要通过原创、有趣、有吸引力的内容创作来丰富目的地的内涵，完善目的地形象，使目的地能够满足甚至超越新媒体用户对旅游体验的期待。

第二部分 旅游目的地新媒体营销手段及案例

第二章 旅游目的地官方网站营销

第一节 旅游目的地官方网站营销功能

所谓旅游目的地，就是指吸引旅游者在当地做短暂停留、参观游览的地方。旅游通道将客源地和目的地两个区域连接起来，是整个旅游系统的桥梁。所谓旅游目的地官网，就是在一个旅游胜地，由政府部门组建的整合了本地各类旅游资源、旅游信息等在内的、反映旅游目的地整体形象的网站。旅游目的地官网营销就是通过资源整合、产品宣传、在线交流、投诉处理等方面的功能，了解旅游者的需求，为其提供当地真实可靠的信息和服务，并对旅游者在旅游目的地出现的问题进行处理，以实现其树立旅游目的地良好形象和口碑，为旅游目的地赢取更多旅游者的信任的目的，即实现旅游目的地官网的营销功能。

鉴于我国旅游业发展变化之迅速，旅游信息渠道日益增多，旅游目的地官网显得尤为重要，现已成为旅游目的地提升公信力的重要途径。在旅游目的地宣传推广方面，政府具有很强的组织和操作能力，优势明显，这也使得政府官网在目的地营销方面的意义更加凸显。旅游者对政府官网也会产生更强的信任度，在搜集旅游信息的时候，政府官网是一个很重要的窗口；在旅游网络营销层面，政府官网也是一个聚集更多资源的重要平台。旅游目的地营销应该首先从官方网站着手，官方网站的营销功能可以使得旅游目的地旅游者人数增加，从而产生联动效应，增加旅游目的地旅游及相关收入[①]。

---

① 潘悦．海口旅游官方网站营销功能研究：基于旅游者需求角度［J］．旅游纵览（下半月），2017（10）：67-68.

一、塑造旅游目的地品牌形象

旅游目的地官方网站的首要营销目标是加强对旅游目的地的整体营销能力，实现这一营销目的的主要手段就是对旅游目的地品牌形象的塑造和传播。旅游目的地官方网站应该致力于打造具有更高辨识度的旅游品牌形象和旅游品牌主题。

Ritchie（里奇）对旅游目的地品牌的理解是，用名称、标志、符号或者其他图形系统来识别和区分不同旅游目的地，它可以为旅游者带来独特的旅游经历和感受，也可以巩固和加强目的地经历的愉快记忆，在此过程中，主要强调目的地品牌给旅游者带来的美好体验承诺。

1. 官方网站对于塑造旅游目的地品牌形象的作用

独特的旅游目的地品牌形象会吸引更多的旅游者前去体验，对旅游目的地的发展起到很好的促进作用。目的地网络品牌形象有传播速度快、影响范围广、传播费用低、多媒体呈现等特点，通过在官方网站塑造网络品牌形象，可以为旅游目的地品牌建设带来以下积极作用①：

（1）旅游目的地官方网站能够以更直观、快速的方式将旅游品牌形象在网络上进行传播，是旅游目的地品牌形象塑造、传播的重要媒介。

（2）官方网站可以使旅游者在海量的互联网信息中快速识别目的地，及时地了解旅游相关信息和动态，迅速建立旅游目的地对旅游者的承诺体系，增强对旅游产品的购买意愿。

（3）官方网站可以通过文字、声音、视频等多媒体手段，将旅游目的地品牌形象声情并茂地呈现给旅游者，降低信息传播出现的扭曲效应，增加对旅游者的吸引力。

2. 官方网站塑造旅游目的地品牌形象的关键要素

根据旅游目的地品牌形象塑造及在线传播的特点，总结官方网站塑造旅游目的地品牌形象的关键要素，如表 2-1 所示。

表 2-1　官方网站塑造旅游目的地品牌形象的关键要素

关键要素	要素详细参考标准
标识语	包括标题用语和宣传口号两部分。语言描述内容精练，富有感染力，容易辨识，吸引注意力；格式设计注重色彩搭配、字体、动画等艺术表现形式

① 李东瑾，毕华．海南 A 级旅游景区官方网站营销资讯的组合策略分析［J］．旅游研究，2017.

续表

关键要素	要素详细参考标准
标识图案	遵从独特性、社会性、吸引力、认同感、整体性、逻辑性和艺术性的设计原则，着重反映旅游地的核心要素（旅游目的地的地脉和文脉）
图片视频	选择能代表目的地特点的图片视频，合理调整大小、像素、排序以及逻辑表达，将旅游目的地形象和艺术表达整体呈现出来
背景音乐	选择本地代表性音乐或者特色音乐主题，注重与地方景观的谐调性和音乐的感染力
电子地图	包括电子导航地图、手绘地图、实景地图、全景地图等
专题文章	撰写旅游推介美文或者游记等对旅游目的地的旅游景点等资源进行描述，注意表达风格，确保真实性和趣味性
版面设计	版面整体布局优美，色彩搭配合理，主题色调风格与旅游目的地氛围相适宜
重点突出	整个版面中要有足够吸睛的部分，重点突出的内容可以是重要旅游资源、特色旅游活动、旅游标识语等

官方网站要注重以上关键性要素，只有同时重视各种要素的把控，才能为旅游者呈现一个形象良好的旅游目的地轮廓，为旅游目的地吸引更多的旅游者。

二、为当地旅游企业提供链接营销

1. 官方网站链接营销的原理

旅游目的地官方网站主要是展示当地旅游资源，提供旅游公共服务信息，其网络影响力直接关系到旅游目的地整体旅游产业链及相关产业发展。官方网站可以通过链接外部网页进行辐射，为当地旅游企业推广营销助力，将官网粉丝直接引向链接网站网页，进一步实现交易，从而增加旅游目的地旅游及相关收入。旅游目的地官方网站链接营销原理示意图见 2-1。

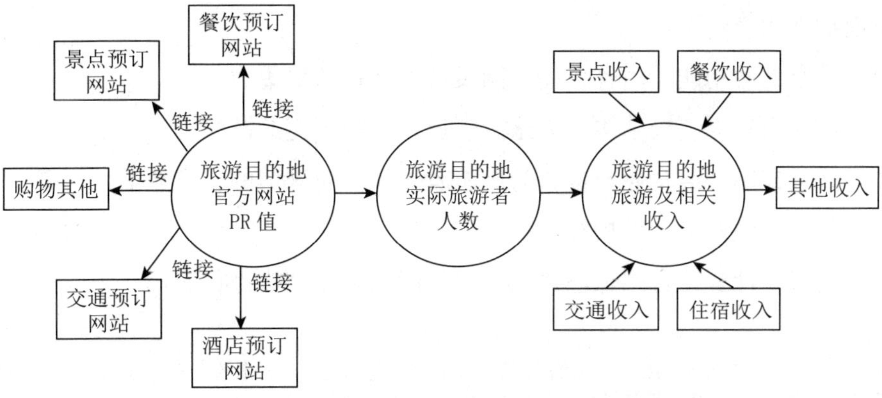

图 2-1 旅游目的地官方网站链接营销原理示意图

2. 官方网站链接营销能力的评价指标①

使用链接分析法对旅游目的地官方网站的链接营销能力进行评价，通过网页浏览量、链接总数、链接效率等指标对其链接营销能力进行总体评价②。各链接指标和含义见表 2-2。

表 2-2 各链接指标和含义

链接指标	含义
总链接数	搜索引擎抓取的与网站存在链接的网页总数，该值越大，网站的信息揭示程度越强，是网站影响力与辐射力的主要标志
内链接数	搜索引擎抓取到的网站范围内链接的网页数，该值越大，网站内部的信息越完备，是网站内生结构完整性的标志
外链接数	搜索引擎抓取到的网站范围外与该网站存在链接的网页数，该值越大，网站被链接的次数越多，主要用来反映网站的外部影响力和价值
网页数	搜索引擎抓取到的网站的网页数，该值越大，网站的资源信息越丰富，反映网站的规模
网络营销因子	总链接数 / 网页数，该值消除了网站规模的差异，反映网站被链接的平均水平
内部网络影响因子	内链接数 / 网页数，该值消除了网站规模的差异，能够更好地反映网站的内部影响力和价值
外部网络影响因子	外链接数 / 网页数，此值消除了网站规模的差异，更好地反映了网站的外部影响力和价值
PR 值	Google 开发的用于评估网页重要程度的指标，分为 1~ 10 不同等级，评价标准受到网页链接影响

3. 官方网站增强链接营销能力的方法③

网络外部影响因子大、PR（PageRank，网页级别）值高、网页规模大的旅游目的地官网更有助于增加本地游客数量和旅游收入，旅游目的地官方网站应按照以下几个方面加强相应建设：

（1）丰富网站功能和内容，提升网页规模及资源聚集力。

（2）优化内外部链接结构，为旅游者提供丰富便捷的链接。

（3）严格控制外链企业质量，为旅游者提供优质诚信的旅游企业。

（4）经常性做好链接维护和更新。

（5）链接设计要符合网页整体风格，按网页整体结构进行布局。

---

① 刘亚斐 . 基于层次分析法的旅游官网评价指标体系构建研究［D］. 长春：东北师范大学，2013.

② 王亚 . 旅游目的地官网营销功能评价研究［D］. 济南：山东大学，2014.

③ 李君轶 . 基于游客需求的旅游目的地网络营销系统评价：以我国省级旅游官网为例［J］. 旅游学刊，2010.

三、旅游目的地官网营销的规模效应

政府官网不是以营利为目的的网站，主要通过公共资源的有效整合与配置，来实现公共利益的最大化。政府官网从宏观层面容易形成规模效应，在营销中，很多的活动都是由政府组织、市场主体参与。旅游目的地政府官网与当地旅游企业和商家建立起联系，由企业提供公司信息，官网将这些信息有效地组织在网站上供游客在行前进行参考，涵盖了当地食、住、行、游、购、娱等各个板块。随着政府官网上所能够查询的信息越来越多，游客在前往某个目的地旅游之前，也会登录政府官网，游客登录官网的次数越多，越有利于目的地品牌营销，也有利于目的地整体营销的实现。旅游目的地官网在内容和功能的建设中逐渐形成规模效应，以整体营销活动带动全局，通过政企联合，合理配给产品和服务，不断提升当地旅游知名度和影响力。

第二节　旅游目的地官方网站营销案例

案例：澳大利亚的大堡礁旅游营销①

澳大利亚大堡礁虽久负盛名，但随着温室效应的影响以及游客量的日益增多，大堡礁珊瑚虫的生活状态受到影响，濒临灭绝。经过一段时间的休养生息，虽然大堡礁的生态环境逐步得到恢复，但知名度却大不如前。哈密尔顿岛素有澳大利亚“大堡礁之星”的美誉，岛上气候终年舒适宜人，活动丰富多彩，但由于当地旅游受金融危机的冲击，游客量锐减。

为提升大堡礁的国际知名度和影响力，澳大利亚昆士兰旅游局策划了一次网络营销活动。他们在官网面向全球发布招聘通告，还为此专门搭建了一个名为“世上最好的工作”的招聘网站，招聘大堡礁看护员。网站提供了多个国家语言版本，短短几天时间网站就吸引了超过 30 万人访问。

“世界上最好的工作”大堡礁岛屿看护员的工作主要分为探索和汇报（向昆士兰旅游局以及全世界动态报告其探奇历程）、喂鱼、清洗游泳池和兼职信差（可参

---

① https://www.docin.com/p-2092169869. html.

与航空邮递服务）四项工作。该工作与其说是看护员，其实就是大堡礁的体验者。这正是昆士兰旅游局推出此活动的主要目的，通过体验式营销的方式来向世界宣扬大堡礁的绝美风景，同时充分利用招聘过程中“万里挑一”的吸引力成功进行营销造势，吸引全世界旅游者的关注，向全球推广大堡礁的知名度与美誉度。

那么看护员将获得什么报酬呢？成功的申请者于六个月合同期内可获取 15 万澳元的薪金。此外，入职者可以免费居住在岛上一套 3 居室的“无敌海景别墅”，室内家电互联网一应俱全，还可享受室外水晶般的礁湖、婆娑的棕榈树影及魅力十足的沙滩。另外，还可以全额报销从居住地到哈密尔顿岛的往返机票和船票。旅游局还会给体验者配置一辆电动高尔夫车作为代步工具。据悉，在澳大利亚年薪 5 万～6 万澳元算是中产阶级。因为金融危机，很多澳大利亚人现在不是全职工作，而是同时拥有几份钟点工的兼职。因此，半年薪水 15 万澳元，在当地人看来也很高，算是“金领”，有点类似国内百万年薪招聘高管。

招聘通告发出后，一度让为此专门搭建的招聘网站因访问量剧增而瘫痪。我国的电视、网络、报纸等媒体都进行了报道和转载，在国外，美国《纽约时报》、英国《独立报》等也都对这份薪水不菲的工作做了全面报道。接受申请两个月之后，共吸引来自全球 200 个国家和地区的近 5 万人竞聘。在中文搜索键入“大堡礁工作”，搜索结果有 36 万个；同样的关键词换成英文搜索，搜索结果高达 62 万个。历经数月层层选拔，英国慈善工作者本·绍索尔击败 4 万多名竞争者，获得负责看护澳大利亚大堡礁的“世界最佳工作”，成为最后赢家。但最大的赢家是本次活动招聘主办方昆士兰旅游局，他们以 170 万美元的低成本，收获了价值 1 亿美元的全球宣传效应，成功进行了一次超值的旅游营销。无疑，这是一个成功的营销，堪称当时最牛策划。反观大堡礁的营销创意，可以总结几点值得我们学习的成功经验：

第一，充分利用官网营销。所有关键工作均在网上开展，昆士兰旅游局在海选活动的官方网站（http://www.islandreefjob.com）上营销，共有英语、日语、韩语、中文（简体和繁体）和德语 5 个版本。一方面为网上申请者提供了便利，另一方面也达到了更高效的宣传效果，让世界各地不同国别、不同语言的人都可以轻松了解这样一个海选活动。招聘广告出现在各大门户网站上，同样也分属世界各地，由于有当地报名者争相报道，不仅引起传统媒体的关注，论坛、社区、博客、即时通信等也成了传播的最佳媒介。活动官方网站的合作伙伴是 Youtube，借助 Youtube 在全球的巨大影响，活动本身又得到了进一步的口碑和病毒式传播，能够达至传统媒体想象不到的各个角落的目标客户。

第二，逆势策划吸引眼球。在金融风暴席卷全球、工厂裁员、失业潮带来人心惶惶的困难局面下，能够拥有一份稳定、高薪的工作，真的是令人很向往的事情。澳大利亚昆士兰旅游局恰当其时推出以惬意的工作环境和工作内容、每小时1400美元的超高待遇在全球招聘所谓的“岛屿看护员”，一下子吸引了全球无数人的眼球，媒体更是为之疯狂激动，不惜用大量的版面免费进行报道。

第三，报名成本和条件要求低。此次活动的参赛规则是全世界任何人都可通过官方网站报名，申请者必须提供一个英文求职视频，介绍自己为何是该职位的最佳人选，内容不可多于60秒，并将视频和一份需简单填写的申请表上传至活动官方网站。这种门槛低但又充满诱惑力的报名方式吸引了许多人参与，很多人即使没有希望获得这份工作，也录制一段视频来参与其中。然后就是比拼自己的自身素质和能力，以及由此呈现出的个人品德和综合素质。

第四，饥饿营销策略。本次活动从1月9日—2月22日进行报名，然后第一轮海选决出50强，之后是第二轮海选，公布前10强，第三轮公布最终结果和幸运者。此后是护岛人按合同，从7月份开始工作半年，直到第二年元旦当天结束。尽管每一轮海选机制相同，但越来越多的候选人被淘汰，无疑构成极大的挑战，对参与者和关心者都是一种饥饿营销策略，并且对事件的关注会持续升温发酵。岛屿守护者官方微博截图见图2-2。

图2-2　岛屿看护员官方微博截图

第五，让网民自主投票。为了进行充分网络造势，主办方设计了经网络投票决出“外卡选手”环节，入选50强的选手通过不断拉票，将关注活动的人带动起来进行投票，还有人会持续关注包括投票在内的活动进展，主办方对投票过程进行了精心设计，投票者要先输入邮箱地址，然后查收一封来自昆士兰旅游局的确认件，确认后方可行使投票权。在通过确认的这个过程中，参与投票的网民都会看到官网的招聘网站，对大堡礁的旖旎风光产生兴趣。更重要的是，投票者的邮箱未来都会定期和不定期地收到来自大堡礁的问候。

通过这样一个诱人的招聘活动，让官网成了众多游客前往大堡礁旅游的第一站，让游客通过查询和了解当地的旅游资讯和风景产生足够的向往，并可能转化为前往该地旅游的动力，以最小的营销费用获得了巨大的经济效益。

第三章　旅游目的地微博营销

第一节　微博与旅游目的地微博营销

一、微博

（一）微博及其发展

微博本是“微型博客”的简称，本质上就是基于用户关系获取、分享和传播信息的新型网络平台。中国的微博时代开启于2007年，王兴在这一年建立饭否网，也刺激了大批企业纷纷介入微博：新浪、腾讯、搜狐纷纷发力，其中新浪微博发展较为迅速，自2009年上线之后，新浪微博发展便极为火爆。随着腾讯、搜狐在微博退出，2014年新浪微博更名为“微博”。然而这并不是“微博”发展的全盛之时，随着微信的发展，“微博”一度受到冲击，开始寻找下沉之路，经过摸索与思考，“微博”终于在2015年迎来了发展的高潮。近年来，微博广泛布局图文、直播并在短视频领域频繁发力，吸引用户的边际成本越来越小，截止到2019年9月，微博月活跃用户数为4.97亿，平均日活跃用户数为2.16亿[①]，用户规模和活跃度持续增长，已成为当之无愧的最具影响力的平台之一。

（二）微博的社会功能

正如上文提到的，微博的本质是基于用户关系的信息获取、分享、传播平台，即我们通常说到的社交软件。因此微博的功能多围绕社交展开：关注拉黑、转发评论、话题故事、头条直播等功能无一不是围绕社交圈子所展开的。微博通过上述功

① 郭明煜．新浪财经［EB/OL］．［2019-11-14］．http://finance.sina.com.cn/stock/usstock/c/2019-11-14/doc-iihnzahi08 84153.shtml.

能或是功能组合发挥着不同的社会功能[①]。

1. 社交功能

微博作为影响力极大的社交软件，社交功能不可忽视。微博除了有聊天工具传达信息的基础功能之外，关注、私信、转发评论、标签、搜索、话题等功能让用户更加方便高效地组织、维护自己的社交圈子。一方面，微博用户可以快捷地发表自己的看法、信息吸引同兴趣或是同一圈子的人交流讨论；另一方面，也可以获取自己想要的信息，了解自己想要加入的圈子或是想要了解的人。通过微博，用户与自身的粉丝交流互动，同时也是别人的粉丝，参与交流互动，并且这种关注与被关注的关系通过分享转发被及时扩充，这种虚拟的人际社交关系比现实的社交更加快速更具效率。

2. 媒介功能

微博除了社交应用这一个属性之外，社会化媒体也是其扮演的一个重要角色。微博的热搜功能吸引了大量的用户，也逐渐成为用户关注获取信息的重要渠道，具有极强的媒介作用。除此之外，微博为用户分享信息提供了强大的功能支持，具有传统媒体无法比拟的优势。对微博用户而言，微博可以通过台式电脑、笔记本电脑、平板电脑等不同终端登录，尤其是微博移动客户端的使用大大突破了时空场域的限制，微博用户可以随时随地接收或者发出信息的特点使微博常常成为突发现场报道的先行者。微博利用它强大的用户基础及分享功能为传统媒体提供新闻线索，体现了其强大的媒介功能。

3. 经济功能

微博在其社交功能与社会媒介功能的支持下，覆盖面更加广泛、消息传播速度也逐渐加快，这些特点成功吸引了有营销需求的商家的注意，他们开始探索将微博用于营销。经过几年的摸索与发展，目前微博已成为商家宣传营销、产品公关、维持客户的重要工具，为商家带来极大的经济效益。

4. 政治功能

微博作为一种为用户提供信息并允许用户分享信息的平台，不仅作用于个体的圈子，也为人民、社会、政府提供了另外一条参与政治活动的渠道：首先，微博为普通公众建言献策参与政治活动提供了良好的平台；其次，微博可以作为社会组织宣传的重要工具；最后，政府机关可通过政务微博向公众宣传政策、发布信息、通

---

① 鲍中义 . 微博的社会功能探析［J］. 新媒体研究，2018（14）：01-03.

报情况。

5. 文化功能

微博文化功能的体现分为两个方面：从狭义的文化功能来看，在微博上经常会有文化名人关于某一话题的讨论，以此为中心，各自的粉丝也会加入讨论，从而形成一种大胆表达个人观点的新型文化批评方式；从广义的文化来说，微博本来就是社会发展中被创造的文化产品，微博将个性不同的用户聚合在一起，推动着社会的文化发展。

（三）微博营销

1. 微博营销概念及分类

微博营销，是以微博为平台，以个人、企业、政府及其他类型组织团体为主体，以关注微博账号的粉丝为潜在客户，以引进爆款内容为方式，以吸引用户为目标而进行的一系列推广、策划、包装宣传活动。微博营销根据主体的不同，大体上可以分成个人微博营销和组织微博营销。个人可以是明星、知名人士、认证用户或非认证用户；组织可以是企业、一般机构、政府部门、公益性组织等。由于微博上活跃的主体以个人和企业居多，通常意义下，微博营销一般简单分为个人微博营销和企业微博营销两大类。

2. 微博营销的特征

微博营销是新时代下的产物，微博营销具有交互性、广泛性、精准性、低门槛、及时性等诸多特征，如表 3-1 所示。

表 3-1 微博营销特征①

微博营销特征	说明
交互性	及时高效的交互性可以拉近粉丝与博主之间的距离，是微博的精髓和核心
广泛性	利用名人效应与粉丝对博主的热忱度，对产品进行“病毒式传播”
精准性	短篇量的文本信息可以有效提高信息传播的精准性，使得信息在短时间内到达其特定的客户群体
低门槛	互联网平台对于年龄、性别、职业等身份特征的指向性低，这一优势在微博营销中得到体现
及时性	无严格审批限制、节省时间、传播速度快的微博信息可以通过互联网平台在短时间内传播至世界的每一个角落

① 赵迎希．微博营销浅析［J］．中国商论，2018（01）：67-68.

3. 微博营销的形式

信息更新是微博营销的方式之一。根据微博信息流通速度快、用户覆盖面广的特点，企业在微博上实现产品宣传与客户互动，根据企业业务情况，企业在微博上发布动态、产品信息、活动信息等，并通过运营微博积累粉丝，达到宣传促销的目的。

活动营销是较受欢迎的微博营销方式之一。企业通过发布转发有奖或特价促销等可以迅速“吸粉”或者提高客户转化率的活动提升公司业绩。一般来说，企业微博发展阶段不同，活动营销形式也不同。对于较新的企业微博账号，为了提升粉丝数量，一般会发布热门话题，关注并转发有奖等吸引粉丝的形式；对于粉丝数量较为庞大的官方微博，则采用特价促销等便于提升客户转化率等活动形式。通过企业官方微博发布消息不仅可以提升公司销售业绩，还可以节约广告宣传费用。

软广（软广告）也是微博营销中较为常见的营销方式。主要操作方式是在图片或视频中将企业文化、品牌故事融合进去，在无形之中激起顾客的共鸣，以间接营销的方式让品牌逐渐被粉丝接受，最终实现微博粉丝到用户的转化。

二、旅游目的地微博营销

（一）旅游目的地微博营销

旅游目的地微博营销是指以微博为平台，通过语音、图片、视频等形式介绍旅游线路、提供出行攻略、推介地方美食、分享旅游心情，实现对旅游目的地形象的塑造，从而产生拉力效应，引起微博用户的关注与参与，最终达到营销的目的[①]。

（二）旅游目的地营销与微博的契合点

1. 微博传播方式激发了旅游者的消费能力

旅游具有异地性，随着旅游者对旅游质量的要求的逐渐提升，出行前的旅游信息搜寻环节更加重要，随着信息技术的发展，旅游者在获取信息时对信息丰富性、可靠性尤为关注。而微博作为信息分享互动的重要平台，大量游客在体验旅游产品或者结束一段旅游体验后习惯将自身经历发布在微博上，这种自由的信息交换氛围为旅游目的地微博营销提供了背景。在这种背景下，除了游客，旅游目的地组织开

---

① 杨丽，吉小叶 . 旅游目的地官方微博营销浅析：以省级旅游局官方微博为例［J］. 吉林工商学院学报，2015（03）：51-53.

始使用微博向游客展示相关信息，官方微博凭借更有信服力的身份以及亲切接地气的话术成功激起游客共鸣，有效地激发了旅游者的旅游消费。

2. 微博的实时便捷，与旅游“在路上”的状态不谋而合

微博信息发布成本低、互动周期较短、信息生产频次较高、信息传播及时，这些特点与旅游者在旅游过程中想即时分享自己的旅游体验或即时获取旅游信息的心态契合。在旅游前甚至是旅游中，旅游者可以在微博上随时获取旅游目的地相关信息，制订行程计划；在旅游过程中，也可以随时随地发表旅游体验并与他人互动。从旅游目的地组织角度来看，企业或相关行业部门可以迅速了解到游客对旅游目的地情况的反馈并据此提供更为优质的服务。旅游目的地信息在微博上即时的分享与反馈也将旅游消费者行为模式从“被动引导型”转变为“主动体验型”。

3. 微博用户与旅游市场主体呈拟合趋势

在旅游电子商务迅速发展、互联网信息化渐成趋势的背景下，统筹消费者大数据与旅游供应商市场战略关系极其重要。当前微博用户以年轻群体居多，随着旅游市场主体年轻化，两者主体有拟合趋势，通过微博开展旅游目的地营销覆盖面更广[①]。

（三）旅游目的地微博营销的优势

1. 信息传播力强

微博的关注功能允许微博用户与其他用户的关系由一对一发展成为一对多，并通过圈子的扩大，实现相关信息的病毒式传播。旅游目的地组织据此特点将旅游产品信息、旅游目的地信息或是游客的感受体验传播给粉丝，影响粉丝所在的圈子，从而实现扩散式营销爆发式传播。

2. 效果反馈实时性强

微博发布操作简单便捷，旅游目的地组织可以及时发布旅游目的地相关信息，与此同时，旅游目的地管理机构可以及时了解游客对旅游目的地的反馈以及粉丝对此营销方式的接纳程度，并对此做出回应及反应。此外，微博的即时通信功能非常强大，可以克服时空障碍和用户快捷地进行互动沟通。

3. 营销精准度高、有效性强

旅游目的地管理人员可通过大数据分析旅游者发布的旅游目的地相关微博，进

① 杨永超 . 微博背景下的旅游目的地整合营销策略探究［J］. 市场研究，2015（11）：14-17.

行市场细分、定位目标客户，从而实现精准营销。除此之外，对用户来说，用户可以关注或取消关注其他微博账号，同时也可以进行信息的阅览和分享或即时反馈信息，这不但确保了其选择信息和发布信息的自由，也极大提高了微博营销的有效性。

4. 营销成本低廉

微博平台为旅游目的地提供了直接面对受众的营销手段，旅游目的地组织只要能保证发布内容的质量，就会获得粉丝关注转发，这大大节省了营销成本，也极大提升了效率[①]。

（四）旅游目的地微博营销策略

1. 名人效应 + 系列活动

目前，社会中“追星”成为一种常见的态势，因此旅游目的地也可以在营销方式上采用名人效应，利用微博中的网红博主发布旅游攻略、分享见闻，实现圈粉、互动、增加关注人数，从而吸引消费者。利用微博进行有目的的分享和宣传，能够在很大程度上增强旅游目的地的知名度，形成目前市场中常见的“网红店”，提高经济效益，并通过提供高质量的旅游服务实现社会效益和经济利益双丰收的目标。与此同时，微博作为新型分享式的社交媒体，还具备广告功能，定期推出旅游副产品，或者进行一系列线上活动，比如旅游知识问答、有奖活动等，提升粉丝对微博的关注热情，达到良好的营销效果。旅游目的地官方微博在进行有奖活动营销时，主要从以下两点进行布置：第一，与本区域内的各家旅行社展开深度合作，活动形式主要以有奖转发为主，通过迅速转发不断提升旅游目的地的知名度；第二，转发本区域内其他旅行社的有奖活动，扩大本地区旅游产品的影响力。

2. 增加官方微博的更新率

在微博建立旅游目的地官方微博账号，用于传播当地的旅游文化和产品。认证的微博账号能够增加内容的真实性和有效性，同时微博还会对认证的账号进行宣传和推广，帮助旅游目的地提升品牌知名度。由于微博的粉丝数量庞大，在无形中为旅游目的地拉来了较为充足的潜在客户，为接下来的宣传奠定了一定基础。旅游目的地建立新浪微博官方账号后，首先要保障更新速度，结合新时代人们的网络阅读习惯，定期、准时、高效地发布图文并茂的文章，以轻松有趣的形式展示当地

---

① 杨丽，吉小叶．旅游目的地官方微博营销浅析：以省级旅游局官方微博为例［J］．吉林工商学院学报，2015（03）：51-53.

旅游文化和风景，吸引粉丝的注意力，刺激他们的旅游兴趣，不断提高当地的旅游效益。

3. 保持新颖的微博内容，打造双向互动的沟通方式

微博用户年龄逐渐趋于年轻化，因此旅游目的地的微博内容必须迎合其阅读习惯，抛却传统营销方式中的推销方式，转而以分享、互动的形式与潜在消费者进行交流，轻松的问候语、流行的小段子、有趣的表情包、精彩的视频等素材都是微博发布内容。利用微博进行营销的过程中，可以减少纯文字发布的内容，多穿插图片和视频，保障微博内容的新颖性。

4. 整合利益相关者资源，实现多方合作共赢

在旅游目的地进行微博营销的过程中，除了需要平衡旅游者、旅游地居民等相关利益者的利益之外，还需要满足旅游营销机构、微博平台的门户网站经营商、广告商等利益相关者的利益诉求。对于旅游目的地而言，提升口碑、引进客源是当务之急，对于门户网站经营者来说，获得流量、吸引广告商获得利润是他们最需要的。在旅游目的地进行微博营销时，就要在了解平衡各方面诉求的基础上，进行整合营销，实现多赢①。

第二节　旅游目的地微博营销案例

一、大兴安岭微博营销②

近几年来，大兴安岭打破旅游营销的传统思路，利用微博信息传播范围广、速度快、形式多样、持续时间长、成本不高的优势，开展了新媒体旅游营销，效果显著，在 2017 年黑龙江省最具影响力旅游官方微博评选活动中，大兴安岭旅游官方微博“@ 黑龙江省大兴安岭旅游”喜获第一名。大兴安岭官方微博是大兴安岭旅游营销的重要渠道，由当地旅游发展委员会运营管理，在旅游委号召及带领下，地区旅游景点及工作人员纷纷开通官方微博和个人微博，信息的互联互通、共推共享使大兴安岭旅游营销得到了极好的宣传效果。下面是大兴安岭旅游目的地微博营销的要点。

① 李炳义 . 新媒体在旅游目的地营销中的应用研究：以微博为例［J］. 开发研究，2014（06）：124-127.
② 候鸟社 . 旅游情报［EB/OL］.［2017-4-9］. https://mp.weixin.qq.com/s/TQiRl_tCZol2e7aLfrwEHg.

（一）领导带头，开启新媒体营销大道

黑龙江省大兴安岭地区旅游发展委员会主任孟利（微博账号：@北极旅游人）一直活跃在微博上，利用微博积极推广大兴安岭的丰富旅游资源。

为扩大信息发布渠道，方便广大旅游者了解大兴安岭地区相关旅游政策及信息，在孟利主任的推动下，@黑龙江省大兴安岭旅游官方微博于2015年6月正式开通。账号核心功能：发布大兴安岭地区旅游资讯，向民众提供食、住、行、游、购、娱等各方面的一手信息。对于采用微博宣传大兴安岭地区旅游的举措，孟利主任曾表示“我们大兴安岭地区虽然地处祖国的极北、神经末梢，但是我们的宣传营销意识一点都不落后。”

（二）玩转微博话题，网友关注度攀升

从2016年开始，大兴安岭开启了双话题的运营模式，根据目的地的旅游特色规划了不同的话题内容，从不同的角度对大兴安岭丰富的旅游资源进行宣传。其中“冬季到大兴安岭来看雪”主打的是冬季冰雪旅游，主要是发布大兴安岭冬季的相关旅游攻略、旅游活动等内容；而“探秘大兴安岭”则以整个大兴安岭的特色旅游产品的整合发布为主。截至发稿前，两个话题的阅读量已累计1.1亿。

（三）KOL（Key Opinion Leader，关键意见领袖）参与互动，利用微博独有传播力

随着大兴安岭旅游发展委员会对微博的重视，及双话题的长期运营，越来越多的网民关注到大兴安岭。其中不乏一些旅游类的KOL、自媒体人参与互动，在话题页下分享大兴安岭的美图、美文。意识到旅游KOL是微博上独有的传播力，并具备专业的旅游攻略生产能力，大兴安岭旅游发展委员也组织了一些旅游KOL前往当地进行深度体验行。活动期间，旅游KOL纷纷带着话题词发布高质量的旅游攻略。

（四）以点带面，周边旅游产品热度攀升

从微博大数据生成的关键词来看，“探秘”“大兴安岭”“冬季”“旅游”是较为突出的关键词，这和一开始规划的话题词完全相符，可见微博网友对大兴安岭的印象逐渐加深。此外，更延展出丰富的周边关键词，如冰雪、驯鹿、塔河、黑龙江、

漠河等，侧面带动黑龙江其他旅游产品的宣传。

微博独有的 KOL 资源，及其内容聚合、分发的特性，已然成为旅游企业的营销利器。而大兴安岭地区旅游委能够充分利用这一特性，将微博作为宣传本地旅游的重要阵地，不仅更好地服务于广大游客和旅游产业的发展，对于提高大兴安岭旅游的影响力、促进旅游产业的发展更是起到了积极的作用。

二、北欧四国微博营销活动

2016 年 9 月 2 日，“带着微博去北欧”及“北欧，每平方米更多惊喜”微博话题互动活动完美收官。本次活动由北欧四国（挪威、丹麦、瑞典、芬兰）旅游局与新浪旅游联合打造，效果极其显著，多次登上微博热门话题榜单，受到全网关注。截至 2016 年 9 月 25 日，“带着微博去北欧”话题的浏览量已经飙升到三千多万次，热门讨论高达 10 000 条。

北欧四国与新浪旅游的合作主要目的是在线上平台全面宣传北欧目的地资源以及“北欧，每平方米更多惊喜”这一品牌形象，从而提升北欧四国产品知名度。用户通过发布符合话题要求内容的微博参与到活动之中，并可获得红包等多重奖励。“带着微博去北欧”及“北欧，每平方米更多惊喜”活动及话题成功吸引了旅游领域的 KOL 自觉参加，他们纷纷在话题下发布微博，分享关于北欧的所见所闻。2016 年 9 月 24 日当天，“带着微博去北欧”浏览量高达 1000 万次，并登上微博话题榜，成为爆点。

需要强调的是，此次营销活动不是仅仅有微博营销这一种营销方式，微博营销要取得更加显著的效果，离不开其他在线营销活动的配合。北欧四国通过发起以“北欧，每平方米更多惊喜”为主题的目的地在线营销活动、正式上线四国全新联合旅游品牌形象网站、发起“为北欧拼惊喜”的线上拼图游戏，形成了多种营销模式相互补充的营销模式，为此次活动打造了足够的氛围，赢得了较高关注度。

此次“带着微博去北欧”活动赢得了较高关注主要原因有以下几点：四国旅游局通力合作，充分使用媒体平台，深挖话题，从食、住、行、游、购、娱等多方面推广旅游资源；借力 KOL，通过明星效应炒热旅游目的地；鼓励话题分享，激发潜在旅游者出行意愿；创新在线营销活动，四国全新联合旅游品牌形象网站上线，“为北欧拼惊喜”的线上拼图游戏吸引大量粉丝。

第四章　旅游目的地微信营销

第一节　微信及其功能

一、微信

1. 微信的概念

微信（WeChat）是腾讯公司于 2011 年 1 月 21 日推出的一个为智能终端提供即时通信服务的免费应用程序，由张小龙所带领的腾讯广州研发中心产品团队打造。微信支持跨通信运营商、跨操作系统平台通过网络快速发送免费（需消耗少量网络流量）语音短信、视频、图片和文字，同时，也可以使用共享流媒体内容的资料和基于位置的社交插件“扫一扫”“摇一摇”“朋友圈”“公众平台”“小程序”“游戏”等服务插件，另外也可以通过绑定银行卡或微信钱包进行在线支付。微信提供公众平台、朋友圈、消息推送等功能，用户可以通过“摇一摇”“搜索号码”“附近的人”、扫二维码方式添加好友和关注公众平台与微信小程序，同时微信将内容分享给好友以及将用户看到的精彩内容分享到微信朋友圈；也可以通过点击“支付”来获取生活缴费、城市服务等腾讯服务，以及火车票机票、吃喝玩乐等第三方服务[①]。

2. 发展历程

微信由深圳腾讯控股有限公司于 2010 年 10 月筹划启动，由腾讯广州研发中心产品团队打造，腾讯公司总裁马化腾在产品策划的邮件中确定了这款产品的名称叫作“微信”。经过多年的发展，微信已经获得了大量的忠实用户，深入到日常生活的方方面面。2011 年增加“摇一摇”“附近的人”“漂流瓶”功能。2014 年微信支付正式公布“微信智慧生活”全行业解决方案，具体体现在以微信公众号 + 微信支付

① 360 百科：https://baike.so.com.

为基础，帮助传统行业将原有商业模式“移植”到微信平台，助推企业用户商业模式的移动互联网化转型，为旅游、酒店、餐饮、电商等数十个行业提供标准解决方案。2016 年正式推出微信小程序，腾讯云正式上线微信小程序解决方案，提供小程序在云端服务器的技术方案。2018 年微信用户突破 10 亿。

3. 微信功能

微信的基本功能在于用户与好友之间通过文字、语音、音视频电话进行聊天、发红包、微信转账，也可以发布朋友圈、直播、短视频，或者转发其他应用文章。另外，微信支付功能也方便用户通过该功能实现充值、生活缴费、城市服务、用车服务、理财、购票点餐等生活服务。具体功能如表 4–1 所示。

表 4–1　微信功能介绍

类别	描述
聊天	支持发送语音短信、视频、图片（包括表情）和文字，支持多人群聊
公众平台	微信公众平台主要有实时交流、消息发送和素材管理。用户可以对公众账户的粉丝分组管理、实时交流，同时也可以使用高级功能——编辑模式和开发模式对用户信息进行自动回复
小程序	小程序是一种不需要下载安装即可使用的应用，它实现了应用“触手可及”的梦想，用户扫一扫或搜一下即可打开应用。全面开放申请后，企业、政府、媒体、其他组织或个人的开发者均可申请注册小程序。小程序、订阅号、服务号、企业号是并行的体系
微信支付	微信支付是集成在微信客户端的支付功能，用户可以通过手机完成快速的支付流程。微信支付向用户提供安全、快捷、高效的支付服务，以绑定银行卡的快捷支付为基础。支持微信公众平台支付、APP（第三方应用商城）支付、二维码扫描支付、刷卡支付，用户展示条码，商户扫描后，完成支付
朋友圈	用户可以通过朋友圈发表文字和图片，同时可通过其他软件将文章或者音乐分享到朋友圈。用户可以对好友新发的照片进行“评论”或“赞”，用户只能看相同好友的评论或赞
直播 / 附近的人	通过直播、短视频等形式发布个人动态，可以进行直播带货和微信营销
城市服务	通过城市服务入口，轻松完成社保查询、个税查询、水电燃气费缴纳、公共自行车查询、路况查询、12369 环保举报等多项政务民生服务
其他功能	微信摇一摇、群发助手、腾讯服务、第三方服务、卡包、收藏

二、微信公众号

微信公众平台，简称公众号，于 2012 年 8 月 23 日正式上线，曾命名为“官号平台”和“媒体平台”，创造更好的用户体验，形成一个不一样的生态循环。微信公众账号的用途非常广泛，政府、媒体、企业、明星等都开始纷纷建立独立的微信公众账号平台，在上面进行个人企业等文化活动的宣传营销。可以在设置里面绑定一个私人微信号，利用微信公众号助手群发消息，随时查看消息群发状态。利用公众账号平台进行自媒体活动，简单来说就是进行一对多的媒体性行为活动，如商家通过基于微信公众平台对接的微信会员云营销系统展示商家微官网、微会员、微推送、微支付、微活动，已经形成了一种主流的线上线下微信互动营销方式。截止到2020年底，微信公众平台已经汇聚超2000多万公众账号和上百万小程序，不少作者通过原创文章和原创视频形成了自己的品牌，成了微信里的创业者。微信公众平台的自定义LBS数据，由商家设置店铺位置，用户提交当前所在位置后，可以找到最近的商家店铺。微信公众平台主要面向名人、政府、媒体、企业等机构推出的合作推广业务，这里可以通过渠道将品牌推广给线上平台。

1. 分享消息至好友

用户在自己的APP中看到的某个精彩内容，点击“分享给微信好友”即可转发给好友观看，好友通过微信收到信息，轻轻一点，可以查看详情（没有安装微信的用户将会被提示去下载安装）。

2. 分享消息至微信朋友圈

用户在微信中看到的某个精彩内容（比如文章、歌曲、视频等），TA想分享给微信朋友圈的好友们，点击“分享到微信朋友圈”，完成授权后，内容就可以发送到微信的服务器，好友在朋友圈中就能马上看到这个内容了。

3. 公众号调整

2013年微信公众平台进行调整，微信公众账号被分成服务号、订阅号和企业号。运营主体是组织（比如企业、媒体、公益组织）的，可以申请服务号；运营主体是组织和个人的可以申请订阅号，但是个人不能申请服务号；企业号的运营主体主要是企事业单位及非政府组织，旨在提升运营主体管理水平，建立员工、上下游供应链与内部工厂系统间和连接。为了给运营者、读者提供更友好的编辑、阅读体验，公众平台新增修改文章错别字功能，支持运营者对已群发文章进行小范围修改。2018年6月订阅号正式改版上线，同时微信公众平台正式上线开放转载功能，文章可以直接被转载。为加强对公众号的管理，官方对注册做出调整，个人主体注册公众号数量上限由2个调整为1个，企业类主体注册公众号数量上限由5个调整为2个。公众号分类及其功能见表4–2。

表 4–2　公众号分类及其功能

类型	简介	功能
服务号	旨在为用户提供服务	1. 1 个月（自然月）内仅可以发送 4 条群发消息 2. 发给订阅用户（粉丝）的消息，会显示在对方的聊天列表中，相对应微信的首页 3. 服务号会在订阅用户（粉丝）的通讯录中。通讯录中有一个公众号的文件夹，点开可以查看所有服务号 4. 服务号可申请并制作自定义菜单
订阅号	旨在为用户提供信息	1. 24 小时内可发送 1 条群发消息 2. 发给订阅用户（粉丝）的消息，将会显示在对方的“订阅号”文件夹中。点击两次可以打开 3. 在订阅用户（粉丝）的通讯录中，订阅号将被放入订阅号文件夹存储
企业号	旨在提升企业管理水平	帮助企事业单位和非政府组织建立与员工、上下游合作伙伴及内部 IT 系统间的连接，并能有效地简化管理流程、提高信息的沟通和协同效率、提升对一线员工的服务及管理能力

4. 公众号认证

微信公众号认证后，可以通过微博、网站等途径，推广自己的微信公众号的二维码，获取更多订阅用户，扩大影响力。在 2013 年 10 月微信公众平台服务号可申请微信认证，提交资料审核通过后，缴纳一定费用即可获得认证标识，并同时开通高级接口权限，订阅号不能进行认证。所有认证成功的账号（包括微信认证和已获得关联微博认证的账号）都可以自动获得自定义菜单。通过认证的微信公众平台在现有基础上增加了 9 种新的开发接口，通过这些接口企业和媒体、机构的公众平台可以开发出更多的微信应用，打造更强大的微信公众平台。

三、微信小程序

微信小程序，简称小程序，英文名 Mini Program，用户扫一扫或搜一下即可打开应用，方便快捷。小程序是一种不用下载就能使用的应用，已经构造了新的小程序开发环境和开发者生态。小程序也通过其简单、易操作的优势，让程序开发不再遥不可及，已经有超过 150 万的开发者加入了小程序的开发，小程序应用数量超过了一百万，覆盖 200 多个细分的行业。各种各样的小程序，正在影响用户的生活、工作、学习、娱乐等方面，社会效应不断提升。

2017 年 1 月小程序正式上线，用户可以体验到各种各样的小程序提供的服务，目前支持移动端和 PC 端打开聊天中分享的小程序。张小龙指出，越来越多产品通过公众号来做，因为成本更低；拆分出来的服务号因利用率较低，所以用小程序来代替。2018年1月微信团队发布公告称：从移动应用分享至微信的小程序页面，用户访问时支持打开来源应用。同时，为提升用户的使用体验，开发者可以设置小程序菜单的颜色风格，并进行自定义。小程序也可以实现第三方快速创建并认证小程序、新增小程序插件管理接口，开发者可以通过小程序营销来赚取广告收入。除了公众号文章、朋友圈广告以及公众号底部的广告位都支持小程序落地页的广告投放，小程序广告位也可以直达小程序。同年7月，小程序任务栏功能升级，新增“我的小程序”板块，开发者可通过小程序后台数据分析及插件功能查看用户数量，优质小程序流量主可获得更高收益。微信“功能直达”功能，使商家与用户的距离可以更近一步：用户微信搜一搜功能词，搜索页面将呈现相关服务的小程序，点击搜索结果，可直达小程序相关服务页面。

第二节　旅游目的地微信营销

一、微信营销

微信营销是网络经济时代企业对传统营销模式的创新，是伴随着微信的广泛应用而产生的一种网络营销方式。微信不存在距离的限制，用户注册微信后，可与周围同样注册的“朋友”形成一种联系。微信用户订阅自己需要的信息，商家通过提供服务推广自己的产品，从而实现点对点的营销方式。微信拥有庞大的用户群，借助移动终端、社交聊天等优势，推送相关信息，让每个用户都能接收到这个信息，继而帮助商家实现点对点精准化营销。企业则可以设定自己独特的二维码，通过优惠活动来吸引用户关注，用户可以通过扫描识别二维码身份添加朋友、关注企业账号。通过微信开放平台，应用开发者可以接入第三方应用，还可以将应用的LOGO放入微信附件栏，使用户可以便捷地在会话中调用第三方应用进行内容选择与分享，最终实现产品和服务的营销。

二、微信营销理论基础

1. 整合营销4I原则

整合营销4I原则即趣味原则（Interesting）、利益原则（Interests）、互动原则（Interaction）和个性原则（Individuality）。中国互联网的本质是娱乐属性的，微信生态圈中公众号和小程序，通过植入有趣的广告，发起让用户感兴趣的可以参与的活动，让其在感到愉悦的同时，将营销的产品和服务传递给受众，并充分利用后台与用户实现交流，让其心理产生“焦点关注”的满足感，通过一系列吸睛活动将流量潜在客户转化为实际流量。

2. 定位理论

定位理论由美国营销专家艾尔・里斯（Al Ries）与杰克・特劳特（Jack Trout）于 20 世纪 70 年代提出。其理论简述为：定位不是你对产品要做的事，定位是对预期客户要做的事。换句话说，你要让预期客户的头脑里形成产品定位，确保产品在预期客户头脑里占据一个真实有价值的地位，使品牌成为某个类别或某种特性的代表品牌。当消费者产生相关兴趣和需求时，便会将定位品牌作为首选，从而使品牌价值理念占据受众内心位置。微信公众号通过发布专门的产品，吸引特定人群的关注，通过长期的产品品牌推广，在消费者心中建立起强大的品牌效应，带动用户实现消费行为。

3. 创意传播管理理论

创意传播管理理论由北京大学教授陈刚于 2012 年提出，其理论简述为：CCM（即 Creative Communication Management），中文是创意传播管理，该理论首次提出“数字生活空间”的概念，明确了互联网时代的营销主战场及理解消费者的认知基础；将企业的角色定位为“生活场景服务者”，这是具有前瞻性和颠覆性的，强调服务生态系统，如今的移动营销、O2O 其实都是企业在努力提升服务能力的手段；提出“沟通元”的概念，以及“创意管理”的理念，带有复制基因的最小传播力度及对由此组合衍生出的不同创意组合进行科学管理。微信本身属于社交软件，但其公众号等产品是服务与用户和企业的衍生物，通过申请专门的账号，经自身开发以后，为其他企业和个人提供不同的产品，并实现动态管理。

4. 直复营销

直复营销是一种建立在公司和消费者之间的产品和服务营销的直接渠道，从而省去了一系列的中间环节的营销方式。直复营销具有跨时空性、互动性、一对一服务性和营销效果可测等方面的特点，可通过互联网使企业和消费者之间实现直接的信息交流和沟通的方法。消费者可以根据产品信息进行购买，企业可以从消费者的信息中不断得知其需求，对需求进行经营和管理，从而减少费用。

三、微信营销的形式①

在微信上，常见的营销活动非常多，无论是公众号、微信群还是朋友圈，不同的营销方式都出现在日常微信的使用上。通常来说，常见的形式有以下几种：

1. 社群营销

社群营销主要是公众号粉丝和群的运营，与用户直接接触，具有精准性和互动性。

2. 内容营销

内容营销借助腾讯平台内容传播工具实现，图片、视频、公众号图文消息、H5页面等是最为常见的形式。

3. 社交和病毒式营销

社交和病毒式营销借助腾讯用户的朋友圈和人际关系进行传播，效果非常明显，并且性价比高。

4. 精准营销

精准营销就是在精准定位的基础上，依托现代信息技术手段建立个性化的顾客沟通服务体系，实现企业可度量的低成本扩张之路，是网络营销理念中的核心观点之一。对于旅游行业来说，微信是一个精准营销的平台，因为关注旅游类微信公众号的用户，大多数都是爱好者，并且对所关注的旅游品牌有一定的了解与认识。作为一个强大的用户管理平台，微信更具有精准营销的天然基因。而且微信的第三方接口可以根据旅游类企业的业务定位及用户关系管理的不同类型进行个性化的开发和管理。

四、微信营销优势②

1. 用户基数庞大

微信的用户数量在2018年已超过10亿，其庞大的用户量决定了旅游目的地微信营销的潜在目标用户数量庞大。有人的地方就有市场，微信营销市场的开拓将成为旅游目的地新的经济增长方式，通过官方公众号、小程序等方式，通过各类营销软文、宣传广告，将当地产品以最快的方式呈现给游客。

---

① 雷苗苗 . 论“互联网 +”市场经济下企业微信营销的必要性［J］. 中外企业家，2019.

② 吴莲莲 . 移动社交下的微信电商营销模式研究［J］. 现代营销：经营版，2019.

2. 目标用户定位精准

微信公众号和小程序被越来越多的旅游企业、政府单位应用，旅游目的地在运营过程中将粉丝分类精细化，仅根据后台的统计数据就可以分析掌握潜在用户的地域、消费需求、消费习惯等。因此，可以将用户需要的信息精确地推送给潜在消费者。

3. 营销方式多样

与单一的传统营销模式相比，微信营销更为多样化，旅游目的地可以通过小程序、微信公众号、直播、短视频等营销形式，让用户关注相关信息，从而达到营销目的。这些形式改变了传统营销模式，使微信营销变得生动有趣，因此更便于旅游者接受和传播。

4. 人性化的营销方式

与传统营销模式相比，微信营销更亲民无扰，微信用户可以选择接受旅游目的地相关企业的信息，也可以拒绝接受不感兴趣的信息推送。同时，微信公众号和小程序功能的互补作用，给用户更多的信息选择权，充分考虑了用户的切身感受。

5. 用户信息真实性更强

微信用户更多的是实名认证，且微信账号更多的与自己手机号绑定，微信用户信息价值和真实性更强。旅游目的地可以充分掌握用户的基本信息，从而构建用户画像，分析用户需求，实现精准营销。

五、旅游目的地微信营销[①]

1. 旅游目的地微信营销

旅游目的地微信营销是指以微信作为营销平台，每个关注者都会成为潜在的营销对象，各个地方的旅游政府部门及旅游企业可以通过注册官方微信，不断更新官微推文向网友传播目的地旅游信息、介绍旅游路线、提供出行攻略、推介地方美食、推广旅游目的地等，树立良好的旅游企业形象、旅游目的地形象以及产品形象，来达到营销的目的。旅游者通过微信可以随时随地获取自己所需的相关信息，可以不间断地分享自己的旅游体验，并将体验通过微信迅速传播出去，和网友进行互动。

① 曾阳 . 基于微信的企业市场营销战略创新分析［J］. 中国管理信息化，2019.

2. 旅游目的地微信营销的效果

随着微信的普及，各旅游目的地的旅游局运用微信平台进行宣传营销，取得了显著效果。旅游局充分依托网络媒体优势，不断加强官方微信平台建设工作，借助微信点对点、速度快、传播广的特点，抢抓发展机遇，大力宣传当地优秀旅游资源，推介经典旅游线路，挖掘旅游新产品。

（1）粉丝数量稳步攀升

各地旅游局官方微信公众号倡导创新语言的表达方式，突出亲民、体验、参与的特点，全力打造“最接地气”“最有亲和力”的互动平台。活泼有趣的文风、丰富翔实的内容呈现给广大游客和市民，受到了游客和市民的高度认可和热切关注，获得了大量的粉丝。

（2）文章浏览量大幅提高

旅游局微信平台发布的信息持续吸引粉丝关注，各类旅游推介类文章获得了极大的阅读量。

（3）服务功能持续完善

许多旅游目的地的旅游局微信平台功能现已全面优化完善，以智慧旅游服务、智慧旅游管理和智慧营销为核心，以在线支付、语音智慧导览图、游客评价等功能的开通为重点，全面完成旅游微信平台改版升级，将地图、语音解说通过 GPS 定位和点播，向游客展示食、住、行、游、购、娱信息，将微信公众平台全力打造成最具权威性、最有亲和力、最富影响力的旅游官方微信平台。

六、旅游目的地微信营销策略①

旅游行业在做好产品的同时，营销也显得日益重要。伴随着科技的发展与进步，借助新媒体优势的各种营销手段层出不穷，旅游业往往是最先应用这些新兴营销手段的行业。因此，微信营销刚一出现，很多政府机构和旅游企业就开始关注并利用微信进行推广、宣传。尤其是微信所拥有的以熟人关系为基础的强关系和口碑传播的优势，使其成为旅游业的一个天然营销平台。旅游行业的微信营销策略主要包括四个方面：口碑传播、内容为王、用户管理、活动推广。

1. 口碑传播

旅游行业的口碑效应非常明显，当游客打算外出旅行时，之所以会选择某个地

① 深圳微信营销公司 . 旅游行业微信营销策略［EB/OL］.［2019-04-01］. https://www.szweb.cn/mobilenews/9341. html.

方作为自己的目的地，可能是因为在网上看到别人写的游记、发的图片，被当地的美景所吸引；也可能是因为身边的朋友曾经去过，听了旁人描述之后对这个地方产生了好奇、向往。对于旅游行业来说，别人的推荐往往会成为其他人做出旅游决定的重要因素，因此旅游目的地在进行微信推广时，将优质的服务和产品体现出来，给用户一定的心理冲击，并通过这些直接用户进行口碑传播，从而形成良好的社会和舆论影响。

2. 内容为王

旅游目的地各单位的微信公众号在推送消息的时候，都保证内容的质量，在文章中做一些有趣的展示，如采用比较新奇的形式来介绍某个旅游城市经典的美食、文化、历史等；也推送一些人性化的实用知识，例如在前往某个目的地的注意事项、小攻略、文化差异等。最重要的一点是，实现内容的差异化，并重视内容的原创性。通过一定的刺激手段，吸引用户将自己的旅行经历写成游记，挑选其中一些精华发布到微信上，一是增加了微信内容的丰富性、实用性；二是建立与用户的互动，有利于增加用户黏性，提高关注度。

3. 用户管理

旅游目的地在微信营销的过程中，应该特别重视用户管理。可以对微信用户进行调查，根据用户的好友数量对他们进行分类，将那些拥有 500 个以上好友的用户列为核心用户，对他们进行重点耕耘。比如，增加一些对应接口，让微信用户与消费数据绑定，让用户查到自己的消费记录、代金券、特权等。除此之外，还可以通过微信提供一些用户便捷服务。出去旅游需要订机票、订火车票、订酒店、查路线、搜索当地美食等，如果这些过程都能够通过微信公众号来完成，用户就会感觉非常便捷、贴心、对旅游目的地的信任度也会大大提高。

4. 活动推广

微信作为社交工具，其主要属性就是沟通，因此它是活动推广的天然平台。对于旅游行业来说，这点尤为突出。通过活动推广，旅游目的地微信公众平台不但能够吸引更多的用户关注自己的账号，还能鼓励用户分享、转发活动信息，提高用户活跃度。对于旅游行业的微信营销来说，活动推广是非常重要的一个环节，它的作用是多方面的，能够唤醒那些潜在用户，使他们活跃起来；能够借这个机会提高微信的转化率，将用户的参与度转化为经济效益；通过这些推广活动，能够达到与用户的高频率互动，使用户加深对品牌的认识与了解，提高用户对品牌的忠诚度。

总而言之，微信已经悄无声息地改变了旅游行业的新格局。微信所具有的重视与用户进行互动与沟通、低廉的运营成本、用户基础广泛等优点，既给旅游行业带来了不小的挑战，也带来巨大的机遇。旅游类企业应该善于利用微信营销这一利器，不断挖掘和传播品牌价值，为用户提供更到位、更人性化的服务，从而在未来的旅游业新格局中充满竞争力①。

第三节 旅游目的地微信营销案例

案例一：惠州巽寮湾微信内容营销②

惠州巽寮湾位于广东省惠州市，是国家4A级国际滨海旅游度假区，“中国旅游名镇”之一。巽寮湾绵延11千米，海滩沙质洁白细幼，形如白金，海沙含硅量达99%。海水更是青翠碧绿，原生态级的水质更属国内罕有。海滩百米内水深不超过1米，空气负氧离子含量最高达65 856个/m^3，高于三亚，属世界级优质的天然海水浴场和顶级的天然氧吧。

用户在审阅微信公众号的内容时，一是看标题，二是看文章头像。这受限于大多数用户时间，他们会默认头条文章内容精彩且信任度高，所以这也是许多公众号头条文章阅读量高于次条文章阅读量几倍的原因。如何让每篇文章阅读量保持合理的比例，具体分析如下：

如何让一篇文章适合微信公众号几万甚至几十万的人群阅读，这需要运营人员在每次发布文章时，在文章标题前面设置专栏（如图4-1所示），目的是快速帮助微信公众号的有着不同需求的群体找到适合的文章，这样既提高了每篇文章的阅读量，也减少了用户浏览信息和决策的步骤。

用户在网上搜查景点旅游攻略的时候，更偏爱官方的攻略，所以有官方出品是非常有必要的，因为它能影响用户转化为线下消费。在玩转巽寮里添加了一个“酒店预订”的选项（见图4-2），帮助用户节省了大量时间。在合适的时间给用户推荐最需要的产品，这才是针对性营销。

---

① 王丽莉．“互联网+”背景下企业微信营销现状及对策分析［J］．智库时代，2019.

② https://www.meipian.cn.

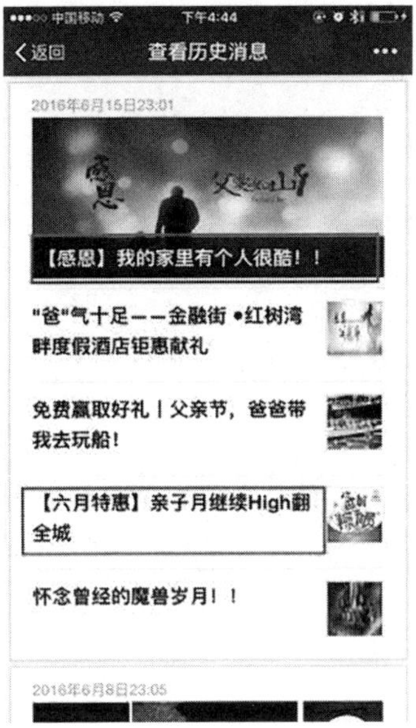

图 4-1　微信内容营销策略

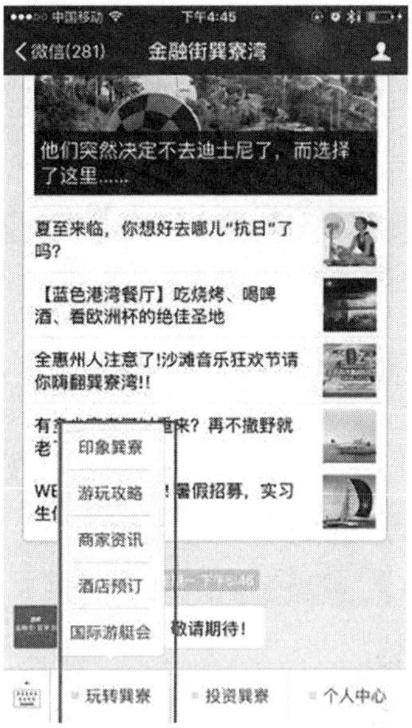

图 4-2　微信功能策划

景区要把自己微信公众号的用户流量变现，需要给用户制造强烈的需求，然后及时提供合理的服务。在旅游攻略下提供购票服务，本质上是想让用户在观看旅游攻略时产生游玩需求，而在游玩攻略下方提供酒店预订相关功能，及时为用户提供购买服务，减少其购买服务的思考时间。投资巽寮、个人中心见图 4-3、4-4。

投资巽寮其本质是建立微信公众号分销平台。当一个公众号达到了一定的用户基数时，这时候就需要运营者把微信公众号的粉丝进行转化并引导用户分享。而分销平台正是根据微信公众号这两个“痛点”建立的功能。分销平台把微信公众号里的每个用户打造成符合景区的自媒体。比如景区微信公众号有五万人，建立了一个分销平台就可以把这五万人都变成你的产品销售人员。他们每个销售人员都有自己的亲人以及朋友。这样把微信公众号从吸粉、活跃、分享、转化等每个关键点打通形成一个生态圈。

图 4-3　投资巽寮

图 4-4　个人中心

案例二：浙江旅游局的目的地微信营销探索[①]

在微博时代，各地旅游局的认证账号是各大微博平台上是最活跃、最受欢迎的政务账号之一，这为新时代的目的地营销提供了非常好的探索案例。而目前微信用户活跃率远高于微博平台，微信平台明显的“熟人社交”属性注定了粉丝的质量远高于微博平台。基于旅游局官方身份的特殊定位，目的地营销仍然是旅游局微信服务的重要目标之一。浙江旅游局经过一年的探索，通过积分商城、旅游资讯服务、信息查询服务等功能，形成了一套较为成熟的目的地营销方法，在探索移动端目的地营销方面做了积极的探索。

基于微信社交的封闭特性，要在微信平台上快速发展受众用户难度较大，但是大数量的粉丝是目的地传播最重要的基础。而在微信新版上线以后，订阅号的群发权限更是受到了很大的限制，但也意味着具有资源优势、内容优势的账号则更加容易脱颖而出。对于景区、酒店等旅游资源方，手中掌握着非常有价值的实体资源，却苦于无法将服务和优惠活动有效地、低成本地传播到目标用户，而传统媒体受新媒体影响也面临转型。如何获得用户依赖性，提升使用官微的频率，是面临的问题，

① https://news.cncn.net.

故浙江旅游局的微信平台“浙江旅游”探索出了“浙江旅游”积分攻略，见图 4-5。

图 4-5 “浙江旅游”积分攻略

浙江旅游积分商城中，包括了景区门票、房券、餐券、土特产以及各式礼品可供用户们免费拿。按照表 4-3，赚取积分兑换好礼，爱上“浙江旅游”。

表 4-3 赚取积分形式

赚积分动作	完善个人信息	分享朋友圈	玩玩游戏
	填写个人信息并完成注册	分享微信内容，有人通过你的分享点击进入，即可获得积分	参与“游戏中心”不同游戏，可获得不同额度积分
赚取积分数	200 个	10 个 / 日	详见每项游戏规则

“浙江旅游”打出“玩微信，赚积分，好礼换不停！尽在浙江旅游”的口号，经常推出各类赚积分的小游戏，不需要用户花费太多时间和精力就能轻松完成任务，还能享受到乐趣，让用户不断参与进来一起赚取积分，更有“小积分博大礼、生日专享、每月特惠”等活动，通过老用户带动新用户，实现用户的指数级增长，引来大批的用户关注。“浙江旅游”微信界面见图 4-6。

一方面，“浙江旅游”从景区、酒店获得可用于营销推广的实体资源，将景区门票、酒店、餐饮等资源全部归集到“商品中心”功能模块，保证产品渠道的可靠性。另一方面，游客通过“浙江旅游”微信平台的“游戏中心”功能，参与平台上面的“游戏”“转发”“游记”等活动不断获得旅游积分。积分相当于用户在该平台上的通行货币，可以凭积分到商品中心免费兑换相关旅游资源。通过优惠资讯→活动→游戏参与→信息传播→获得积分→兑换奖品闭环，有效地完成了一次低成本的营销推广。

图 4-6 “浙江旅游”微信界面

例如“睡美人招募”活动整合省内五十家精品酒店资源，在微信上发起女性试睡体验员征集活动，并聘请专业摄影师及文字编辑跟随拍摄。活动在国内引起极大关注和良好反响，同时也激起粉丝的极大兴趣和关注。活动上线一周，征集消息在朋友圈分享数累计五万次左右，成功报名参与人数达3500人。同时通过与携程、淘女郎等平台合作，提升二次传播效力。活动期间，每个酒店体验摄影作品及专家点评将通过“浙江旅游”微信内“最美酒店”板块进行推送，并为游客提供住宿推荐。本次活动应该说是一次整合资源、多平台合作推广、创意策划微信营销案例。

“浙江旅游”推出积分商城，让粉丝经常使用并产生消费，形成“玩浙江旅游微信，拿浙江出游优惠”的印象，后续还推出会员优惠制，不断加强各类旅游相关的服务工具。通过这一系列举措逐渐把“浙江旅游”做成一个相对活跃的行业大号，并且鼓励省内各地市旅游局、景区、酒店等往服务号发展，真正让游客感觉到便捷的服务。

专业化、精准化、小众化、互动化是微信经营的方向，不能以经营微博的方式来运作微信，必须结合实际情况找准服务对象，构建用户关系，然后根据需求对信息进行聚合、加工、再传播，提供个性化的活动产品。对于如何利用微信公众平台进行目的地营销推广，各地旅游局、企业正在进行不同维度的探索，而“浙江旅游”目前探索出来的线上线下联动的方式为目的地营销提供了典型的案例和模式。

第五章　旅游目的地抖音短视频营销

第一节　抖音及其功能

一、抖音短视频简介

抖音短视频是一款音乐创意短视频社交软件，是一个专注年轻人的15秒音乐短视频社区。用户可以通过选择歌曲，拍摄15秒的音乐短视频，形成并发布自己的作品。实质上抖音短视频就是以年轻人为核心的音乐类短视频。它与小咖秀类似，但不同的是，抖音用户可以通过视频拍摄快慢、视频编辑、特效（反复、闪一下、慢镜头）等技术让视频更具创造性，而不是简单地对嘴型。相比较而言，抖音更具技术含量和创意性。抖音短视频logo见图5-1。

图5-1　抖音短视频logo

二、抖音短视频发展历程

2016年9月，抖音短视频上线。

2017年11月10日，“今日头条”10亿美元收购北美音乐短视频社交平台Musical.ly，将其与抖音合并。

2018 年 4 月 10 日，抖音正式上线反沉迷系统。据介绍，第一期上线的反沉迷系统，主要包括两部分：一是时间提示功能，当用户连续使用 90 分钟后，正在播放的短视频上会出现一行文字，提醒用户注意时间；二是时间锁功能，由用户设定密码开启，一旦单日使用时长累计达到 2 小时，系统将自动锁定，用户需要重新输入密码才能继续使用。

2018 年 6 月，首批 25 家央企集体入驻抖音，包括中国核电、航天科工、航空工业等。这些“高冷”的央企，正在借助新的传播形式，活跃在人们的视野中。

2018 年 7 月 3 日，抖音在微信上线名为“抖音好友”的小程序，用户可利用此小程序查看群中使用抖音的好友。

2018 年 7 月，抖音推出认证 MCN，逐步放开站内红人签约。

2018 年 7 月 26 日，抖音官方推出“向日葵计划”。抖音将在审核、产品、内容等多个层面推出 10 项措施，青少年模式将无法直播、充值。

2018 年 8 月，抖音上线游戏频道，并招募游戏 MCN 机构。

2018 年 8 月 10 日，抖音通过其官方头条号发布《抖音对违规账号及内容的处罚通告 2018 年 8 月》（以下简称通告）。通告称，2018 年 7 月 1 日至 7 月 31 日，抖音平台累计清理 36 323 条视频，8463 个音频，252 个挑战，永久封禁 39 361 个账号。通告介绍，抖音平台积极响应国家版权局与国家网信办、工信部、公安部等关于“剑网 2018”专项行动号召，开展了严厉的打击侵权、盗版工作，7 月共下架版权相关视频 5043 个，音频 1269 个，永久封禁严重侵权用户 1743 个。

2019 年 5 月，抖音再次升级“向日葵计划”，升级主要包括两方面：一是在审核、产品、内容等多层面推出 10 项措施，并率先在业内推出青少年模式实验版，开启后系统将过滤掉不一定适宜青少年浏览的内容，且用户无法进行充值、打赏等操作。二是上线亲子平台功能，以协助家长对未成年子女的抖音账号进行健康使用管理。

2020 年 3 月 25 日，罗永浩发布微博和抖音视频，正式宣布抖音成为其独家直播带货平台，同时在 4 月 1 日晚 8 点开启首场直播。

三、抖音短视频的特征

1. 真实有效的互动性

抖音在使用过程中，采用的是贴近大众使用习惯的竖屏模式，更便于使用和观看，在一定程度上增加了短视频应用的打开率和留存率。竖屏播放模式，增强了用户之间的互动性，也给用户带来了更好的沉浸式体验。在抖音的初始界面右侧，依次有“头像”“点赞”“评论”“转发”“音乐”5个按钮，不仅方便用户了解视频的相关信息，还增加了分享、互动等玩法。

2. 表现形式的多元性

在抖音短视频中，声音、影像共同复合了多重感官体验，使得人们获取的信息更加立体、多维。首先，在视频的制作中，精美的画面搭配音乐，提升了整体观感。其次，利用虚拟现实（VR）、增强现实（AR）等技术，让更多的信息内容可以通过技术的加持以多种形式传递给更多的用户。最后，还可以合拍或者直播，既增强趣味性，也扩大了传播范围。

3. 传播内容的话题性

抖音短视频上海量的内容，兼具新鲜性、观赏性、趣味性、价值性、交互性、共享性等特点，在整体上呈现出年轻化、娱乐化、社交化、个性化、技术化、潮流化、创意化、魔性化的社区氛围，用户在使用过程中容易产生强烈的情感共鸣。因此，当有一定粉丝基础和影响力的KOL进行话题引导时，很容易在短期内产生被广泛讨论和模仿的话题氛围，形成一定程度的热门话题。

4. 大众参与的广泛性

随着互联网信息技术的普及，短视频在人们的日常生活中占据较高的使用频次。抖音短视频更是“一骑绝尘”，成为日均使用量最多的头部短视频平台。第一，抖音的操作界面简单易学，操作的入门门槛并不高。第二，丰富和强大的视频美化功能，在一定程度上突破了用户不自信的障碍。当用户看到有趣的生活片段时，会引起用户强烈的共鸣，并产生极强的模仿意愿。第三，平台上可供搭配选择的音乐都是极具感染力的，在一定程度上激发了用户广泛的参与度。模仿加创新，甚至会制造出火爆的话题。

5. 短视频社交的中毒性

抖音短视频的碎片化特性是其显著特性，契合了用户碎片化的时间，借助后台信息技术处理，使用户在短时间内能获得相应推送，浏览到不一样的、侧重自身偏好的内容。用户在使用过程中只需要简单的向上滑动屏幕的动作，就可以让视频切换到下一条，在持续的观看中大脑受到高强度的刺激，很容易让用户形成一种“根本停不下来”的状态。网络上甚至还出现了“kill time”一词，来形容抖音的中毒性。①

① 陈炯钊.短视频APP的传播模式及特征：以抖音APP为例［J］.新闻研究导刊，2020，11(05)：80-81.

四、抖音短视频营销推广模式

1. 病毒式营销

病毒式营销是利用公众的积极性和人际网络，让营销信息像病毒一样传播和扩散。抖音正是通过病毒式营销来实现自身的逐步扩张。例如“海底捞创意吃法”面筋塞鸡蛋、虾滑等系列视频，成为网友当时竞相热议的话题，在一定程度上助推抖音成为一个颇具创意的平台，如何在海底捞花最少的钱吃到最好的东西成为诸多网友的热议话题，这一病毒式传播过程使得抖音 APP 被更多的人熟知。

2. 娱乐营销

互动互联网的红利正在逐渐地消失，依靠这一途径进行 APP 推广已经受到极大的约束，爆款综艺开辟了另外一条路径。最初抖音在推广时期，只有较少用户知晓这一短视频软件，抖音通过综艺节目，例如《快乐大本营》，以轻松愉快的格调、俊男靓女的组合进行推广，在节目中植入广告，将抖音的视频形式变成综艺节目中的一个游戏环节，使得更多的人对抖音产生兴趣。这一娱乐营销模式与受众的需求高度契合，尤其是年轻的受众群体，成为其获取用户量的重要手段。

3. 事件营销

抖音是隶属于今日头条的，今日头条中一个重要的营销推广手段就是明星入驻制，抖音同样采用明星入驻的模式。抖音依靠强大的明星流量吸引了大量的粉丝入驻抖音，对抖音用户群体的扩大起到了巨大的带动作用，对抖音的用户群体来说有极大的提升空间。2018 年春节，抖音开启了“点视频拿红包”的话题活动，邀请了众多明星参与，找了不同类型的明星给不同人群送祝福，例如关晓彤在红包视频中祝大家学业有成，这种事件营销在一定时期内带来了不可忽视的流量。

4. 互动营销

抖音通过不定期地举行线上和线下的互动营销活动，不断提升自身的知名度和下载量。初期用户羞于拍摄相应视频，视频量并不大，而抖音通过线上线下活动，例如抖音的大轰趴“抖在成都”“抖音 idou”等活动，通过互动营销提高了用户的活跃度和黏性，从而产生了更多的优质内容。每个用户既是受众也是传播者，他们自己拍摄视频后就会自发地将视频推广给身边的人，视频还能保存、转发分享至微信、微博等平台，抖音也就逐渐被更多人熟知。[①]

---

① 张雨萌 . 短视频 APP 的营销推广模式分析：以抖音为例［J］. 传媒论坛，2018，1（09）：174-175.

第二节　旅游目的地抖音短视频营销

一、旅游目的地抖音短视频营销

旅游目的地抖音营销是指旅游目的地利用抖音作为信息交流和传递的平台，主要借助短视频的形式来介绍旅游线路、提供出行攻略、推介地方美食、分享旅游心情等，实现对旅游目的地形象的塑造，从而达到营销的目的。

二、旅游目的地抖音短视频营销的特征

随着抖音的日渐发展以及传播效益的逐步显现，抖音已经成为推广旅游的利器。越来越多的旅游目的地开始重视抖音短视频营销的作用，通过应用抖音这一社会化媒体营销平台提升自身的影响力和竞争力。结合抖音短视频的特征，可归纳出旅游目的地抖音短视频营销的特点：

1. 亮点突出

抖音短视频的短小精悍是一大利器。旅游目的地的宣传短视频就要呈现它最精华的一点，要把所有的力量打到这一个点上，超过三个点反而变得“千城一面”。在“小城记事——瑞丽”那集，旅食家选取了瑞丽的三个人物——在弄岛镇种柚子的张伯，喊沙村的傣族农民画家和跳孔雀舞的旺腊老师。他们住在瑞丽，成就瑞丽，也代表了瑞丽的气质。当一个陌生的地名成了这些具体的人物时，瑞丽的气息扑面而来，而那些没有被述说的人物与故事，也许正是旅游时需要发现的惊喜。[①] 所以，短视频在内容呈现上必须突出亮点，夺人眼球，才能在短时间内对用户产生一系列刺激。

2. 内容新颖

内容的新颖必然会吸引更多的流量和关注。在创作的过程中，要打破内容形式的边界，就内容之间进行碰撞，可能会打造出新热点，探索更多的可能性。提起西安，之前人们第一秒想到的都是：肉夹馍、兵马俑、十三朝古都，近日，又多了一个新的城市标签，大唐不夜城不倒翁。一个 90 后姑娘在西安大唐不夜城，扮成唐

① 抖音短视频营销怎么玩？对旅游营销的启示［EB/OL］.［2018-06-18］. https://www.sohu.com/a/236311628_764974.

朝仕女不倒翁表演的视频，在抖音上爆火，相关视频已经超过6000余条，总播放量惊人，高达15.9亿次。不倒翁和唐代仕女联系起来，撞出如此吸引人的火花，一度登上热门短视频的榜首。

3. 红人效应

网络红人拥有强大的粉丝数量，往往会快速达到传播目的。旅游目的地通常会通过与网络红人的合作，来增加目的地曝光度，提升目的地的吸引力。由于抖音作品的分享功能，在热门新闻网站、微博热搜、朋友圈等引起人们的关注，成功通过其他热门平台导流。例如小小莎老师，环球旅游博主，拥有近630万粉丝，拍摄创意旅游观光视频，包括酒店试睡、目的地观光、创意玩法推荐等，具有一定的借鉴能力和较强的传播性。抖音平台具有多青年用户的显著特征，他们追求新意独特，喜欢玩乐，这样的红人效应是不可忽略的新势力。

三、旅游目的地抖音短视频营销的要素

1. 优质的内容

优质内容是抖音的核心竞争力，可以从视频内容和产品运营两方面来分析。

旅游类视频内容的优质体现为两点。其一，景点本身极具特色，包含优质的旅游资源。无论是重庆“洪崖洞”还是西安“摔碗酒”，要么景观设计极为震撼，要么情景活动有趣好玩。因此，一个成功的网红景点首先要有成为网红的潜质。其二，多元融合妙趣无穷。抖音之“抖”来自软件内嵌的丰富特效，“音”体现为可供选择的海量神曲，大多数作品具有节奏感强、魔性十足的特点，给人感觉酷、炫、潮。在抖音上，科技元素、艺术元素与旅游场景相融合，令视频极具艺术感、创造性和现场感。产品运营的成功也体现为两点。其一，量的积累到质的飞跃，韬光养晦一鸣惊人。抖音团队拥有这个时代极为难得的品质——耐心。抖音的前期重点是打磨产品、储备网红和积累内容，这个默默无闻的阶段持续近半年。一直到2017年3月13日，著名笑星岳云鹏通过微博转发了一条其模仿者的视频，抖音用户量瞬间呈现井喷式增长，从此一发不可收拾。其二，正是这些海量的优质短视频将抖音用户死死黏住。调查显示，约22%的抖友每天使用抖音时间超过1小时，不少用户戏言抖音“有毒”，“中毒很深”。

2. 契合的用户

与其他短视频平台不同，抖音不仅是短视频的分享平台，还是其粉丝社群的社交平台。

抖音鲜明的产品特征令其收获了与其调性相契合的市场，主要为一二线城市居民，其中又以女性（66.1%）和年轻人（30 岁以下用户占比 93%）居多。这部分抖友有钱有闲，是出游的主力军；同时，他们中的大多数是互联网“原住民”，善于创造，乐于分享，对于互联网产品的参与意愿很高，有着较为强烈的社交需求。一方面，他们通过拍摄和上传短视频来吸引关注，同时带动抖友之间的视频创意比拼。相比传统营销模式而言，动态的短视频社交模式呈现出更强的交互性和参与性。

在旅游类视频里，用户能够更加生动全面地了解到景区的全貌，相比图文信息更令人有“涉入感”。另一方面，观赏视频的抖友在评论区实现与播主的互动。评论是抖音 UGC（用户原创内容）中极其重要的组成部分。在旅游类视频的评论区，抖友会对视频内容和质量进行点评、询问景区的名字和位置、交流旅游体验心得等。评论区的互动不仅具有第三方推荐的信任优势，还让评论本身成为优质的体验内容。更奇妙的是，基于对抖音平台的认同感和归属感，抖友们会把去网红景点“打卡”当成一种义务。

3. 共生的机制

基于优秀的产品和模式设计，抖音构建了一个互惠共生的生态圈。在旅游营销场景下，利益相关者包括抖音运营方、旅游地、播主及观赏用户。在抖音平台上，所有参与者都能满足需求和创造价值。观赏用户在免费观看视频、参与互动的过程中贡献了自己的时间和注意力，创造了流量。播主为抖音提供视频内容和吸引流量，因自己成为关注焦点或意见领袖而获得心理满足感。在运营初期，平台会对提供优质内容的播主提供一定补贴。而对于粉丝量达到十万甚至百万级别的“大咖号”，他们还可以选择与商家合作以寻求流量变现。旅游地成为网红以后，游客量和旅游收入显著增加，平台运营方也将获得不菲的投资和广告收入。

实际上，抖音早已开启了变现之路。从“海底捞神秘吃法”到“网红奶茶的隐藏菜单”，抖音的每次动作都能引发抖友的疯狂传播，甚至导致多个地方卖断货，堪称“网红制造机”。目前，抖音与旅游营销的融合已经开始进入更为成熟的新阶段。2018 年 4 月，西安市旅发委与抖音短视频达成合作。双方计划将基于抖音的全系产品，通过文化城市助推、定制城市主题挑战、抖音达人深度体验、抖音版城市短片来对西安进行全方位的包装推广，用短视频来向全球传播优秀传统文化和美好城市文化。据悉，旅游已成为抖音刚发布的“美好生活计划”的重要组成部分。在抖音搭建的共生平台之上，旅游营销具有无尽的想象空间。①

第三节　旅游目的地抖音营销案例

一、重庆

抖音带火了重庆。马蜂窝旅游网联合 ZAKER 发布《国庆旅游趣味报告》显示，重庆洪崖洞成为新晋网红景点，排名第十，具有较高热度，见图 5-2。除了传统热门景点之外，目的地城市的“游客街”也在国庆期间迎来了许多游客。北京的南锣鼓巷、西安的回民街以及重庆的磁器口位列“游客街”三强，重庆一跃成为关注度较高的旅游城市，见图 5-3。除了常规的景点、街道之外，城市夜景也成为年轻人在旅游时十分关注的体验。重庆的洪崖洞因神似动画电影《千与千寻》中的知名场景，旅游热度经久不衰，成为首选，见图 5-4。②

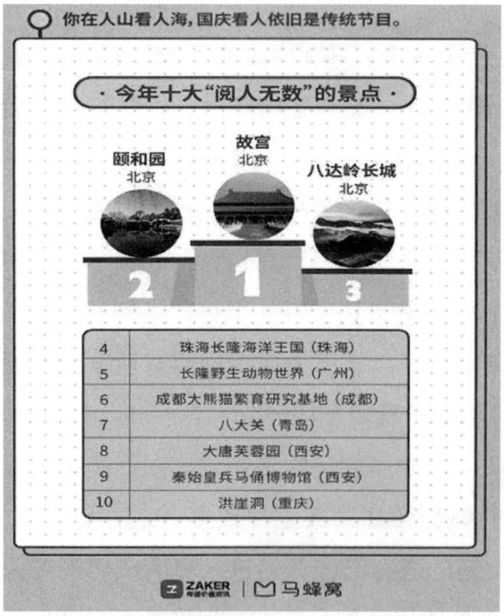

图 5-2　2019 年国庆十大“阅人”地图

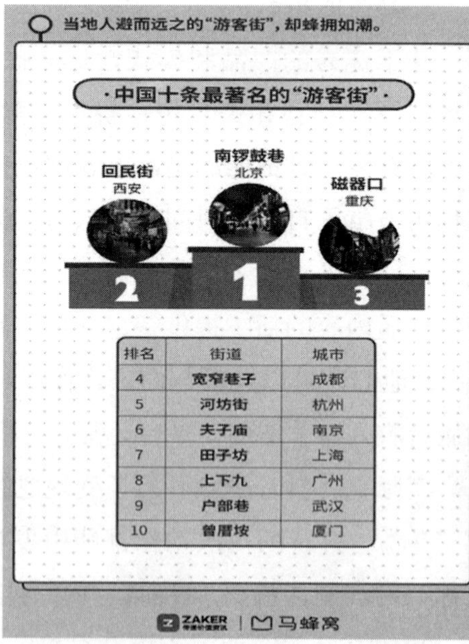

图 5-3　2019 年国庆十大“游客街”

① 城市当网红，抖音短视频创造新的营销模式！［EB/OL］.［2018-06-12］. http://baijiahao.baidu.com/s?id=1603071508370472193&wfr=spider&for=pc.

② 马蜂窝 &ZAKER：联合发布国庆旅游趣味报告［EB/OL］.［2019-10-10］. http://www.pinchain.com/article/204224.

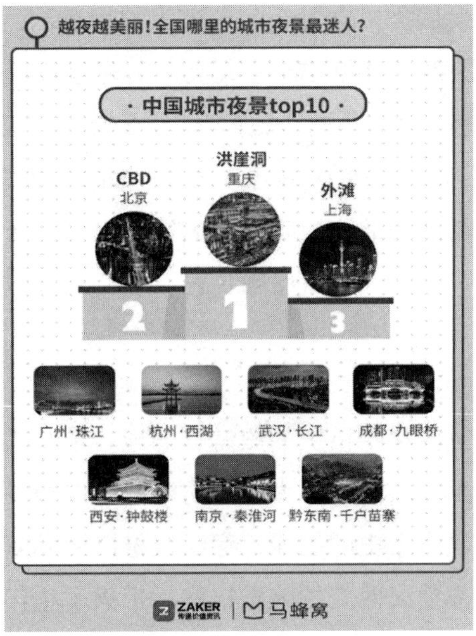

图 5–4　2019 年国庆期间夜景 TOP10

通过对抖音上相关热门短视频的观察，可以发现受众对于重庆的城市特点是较为了解且有兴趣的，抖友们更加青睐一些能触动自己的点。例如新奇的呈现方式、有趣的视频内容或酷炫的剪辑所呈现出的短视频，在点赞评论转发的同时也会为这些城市带来热度。据不完全统计，当前重庆在抖音上的打卡热门地点洪崖洞的相关话题总播放量超过两个亿，如表 5–1 所示，作为洪崖洞夜景最佳拍摄地的重庆千厮门大桥甚至为方便众多游客打卡拍照而封路。

表 5–1　抖音上重庆相关话题的播放量

抖音话题	视频播放量（次）	视频数（个）
重庆	141.5 亿	55.6 万
重庆解放碑	2.7 亿	1.3 万
重庆火锅	4.7 亿	2.3 万
洪崖洞	3.3 亿	4.3 万
洪崖洞夜景	8348.3 万	2 万

抖音短视频等社交软件上涌现大量有关“重庆洪崖洞夜景”的短视频引发了旅游业界的轰动。大部分短视频来源于旅游者自己的拍摄创作和分享，再配上比较动感的背景音乐，感染力十足，发布出来后在短时间内获赞无数，因此洪崖洞景区迅

速走红。据重庆市旅游发展委员会发布的旅游大数据显示，重庆市 2019 年“五一”小长假三天共接待境内外游客 1735.75 万人次，实现旅游总收入 112.48 亿元，同比分别增长 21.6% 和 30.5%。洪崖洞景区游客接待量更是突破 14 万人次，同比增长 120%。马蜂窝旅游网发布的“2019 年五一小长假境内热门景点趋势报告”显示，重庆洪崖洞景区排名成功超过北京故宫，排名第三，仅次于上海迪士尼乐园和广州长隆野生动物世界。①

二、西安

西安是当前抖音之上仅次于重庆的旅游目的地。不少人根据抖音上的热门短视频去西安打卡，听着《西安人的歌》去永兴坊喝酒摔碗抒发心中的英雄气概，穿越时空与兵马俑一起跳舞领略秦史的韵味，穿汉服逛汉城湖梦回汉长安，成为抖友西安之行的打卡方式。一首独属西安的陕派摇滚，带火了千年古城的美景、美食。抖音短视频平台上西安城市相关视频量让毛笔酥、摔碗酒、肉夹馍、钟鼓楼等具有西安本地特色的传统文化产品走进公众视野，使西安这座古城充满了现代的气息。

西安在抖音上的热闹，源于一系列体验项目。旅游体验项目“摔碗酒”是主要爆点之一。永兴坊是西安市的特色美食文化街区，汇集了陕西各地特色美食和小吃，“摔碗酒”是街区中少有的带有体验感的美食项目。游客在摊位前喝下小碗盛的米酒，然后以各种姿势将碗摔碎，据说可以讨个岁岁（碎碎）平安的彩头。期间绝大多数由同伴拍下视频和照片，发到抖音、微信和微博等自媒体上，进行新一轮的传播。

在城市形象的传播范围与传播效果上，抖音的功劳毋庸置疑。西安市旅游局与抖音成功合作助推西安成为全国著名网红城市的成功案例，为其他城市提供了城市形象传播推广的借鉴。西安市旅游发展委员会和抖音的合作方式主要是四个“一”，分别是：第一是一个计划，是文化城市助推计划。抖音希望以西安为试点打造样板城市，通过优先加蓝 V 认证、专人运营指导、全方位流量扶持等快速通道，助力文化城市打造具有全球化视野的新名片。第二是一组挑战。挑战赛是抖音最热门的入口，抖音会发起一系列的城市主题挑战赛，通过挑战赛让用户真正走进西安、感受西安，同时发掘更多的西安元素并将其传播出去。第三是一条路。抖音将邀请抖音达人体验团来西安深度体验，呈现一条抖音特色旅行线路，对外发布路线攻略，将

① 李琳静．“网红式”旅游目的地形象提升的思考：以重庆洪崖洞景区为例［J］．全国流通经济，2019（18）：134-135.

西安传统、有趣、有特色的精品文化景观，通过抖音的方式去演绎传递给世界，助力西安旅游业新增长点的开发。第四是一支片。抖音计划为西安量身打造一支“抖音版”西安旅行纪录片，通过抖音的渠道优势，在中国和全世界范围推广西安旅游资源与文化。①

抖音将在 Tik Tok 和 musical.ly 等海外产品上线西安相关挑战，并定制了兵马俑、肉夹馍的特效贴纸，帮助传播西安的美食、美景、民俗、文化。

抖音总裁张楠表示，西安是古代丝绸之路的东方起点，是东西方文明交汇的枢纽与桥梁。历史上的西安，是中国强盛、开放的象征，希望通过抖音，给西安打造一个短视频名片，把西安的过去、现在和将来介绍给全世界，把中国文化的美好带到全世界。

① 旅游目的地的营销的新玩法：抖音能否让目的地爆红［EB/OL］.［2018-04-25］. http://www.tripvivid.com/articles/14616.

第六章　旅游目的地快手短视频营销

第一节　快手短视频及其功能

一、快手简介

快手是北京快手科技有限公司旗下的一款用于用户记录和分享生产、生活的平台。快手于 2011 年成立，名为“GIF（Graphics Interchange Format，图像互换格式）快手”，公司在最初想做视频社交，但由于基础设施、技术等原因，推出了一款用来制作、分享的 GIF 图片的手机应用，并于 2012 年向短视频社区应用转型，2013 年正式踏入短视频社交领域，将“GIF 快手”更名为“快手”。2016 年推出直播功能，并在年底开始搭建快手商业化技术体系。2017 年快手商业化初具雏形，快手信息流广告公测、“粉丝头条”上线、话题标签开放合作、“快接单”上线。2018 年开始发展电商业务，同年 1 月，快手主站的日活跃用户数突破 1 亿。2019 年 8 月推出快手极速版，截至 2020 年 8 月，快手极速版平均日活跃用户数突破 1 亿，截至 2020 年上半年，快手的中国应用程序及小程序平均日活跃用户数突破 3 亿。

二、快手的功能

快手的界面以白色和橙色为主调，整体呈暖色调。打开 APP（Application，应用程序）有“首页”“精选”“拍摄”“消息”“我”五个项目，同时还有一个搜索和导航栏。在首页中，有“关注”“发现”“同城”三个栏目，其中“关注”栏目呈现用户已关注创作者发布的内容；“发现”栏目展示快手推荐的视频；“同城”栏目下，是快手推荐的用户关注的所有创作者发布的内容。同时，点击视频进入视频的大屏显示，下滑进入评论区，右滑进入创作者主页，左滑退出视频，同时可在视频上方点击关注创作者或者进行点赞、收藏以及分享（推荐分享微信）。

精选页为快手的精选内容，点击精选直接进入视频播放，同时可在右侧进行关注、点赞、分享、评论以及分享，右滑进入主页，左滑退出主页，下滑进入到下一条视频。

在拍摄页中，用户可拍摄11秒、57秒、5分钟的视频，可以进行美化、添加音乐、添加文字等。同时，可以在玩法库中制作同款视频，也可以直接进行直播。在消息页中，可以看到已关注用户的动态，比如已关注用户的点赞动态；可以收到来自其他用户的信息，同时可以私信已关注的用户。在我的页面中，则是显示自己的信息、点赞、收藏、作品等。

在导航功能中，有“大家都在看”“游戏”“直播广场”“草稿箱”“快手小店”，以及隐藏功能。“大家都在看”即可以看到各种达人的动态以及各种活动，比如CBA（China Basketball Association，中国男子篮球职业联赛）赛事竞猜活动；“游戏”板块中，可以看赛事直播，也可以进行游戏APP下载；“直播广场”则是用户的直播，可以进行“游戏”“颜值”“才艺”等多种频道的选择；“快手小店”则是彩妆、服饰等各类卖货的直播，可直接进行购买；“草稿箱”即为自己未发布的作品或者是已发布但存到草稿箱中的作品。在隐藏功能中，有“本地生活”“视频交友”“我的钱包”等功能。

三、快手的特点

1. 专注普通人的生活

快手的初衷就是关注普通人的生活，打造一种强社交关系，其用户包括各行各业的人，既有明星、主持人也有各行各业的普通人，上传的内容大多也很朴素，从一线城市大事小情到农村的生活百态，都是对普通人真实工作和生活的呈现。快手以三四线等低线城市起家，2018年快手用户在一线城市占比6.4%，二线城市占比29.9%，三四五线城市及以下地区占比63.7%[①]。但在未来，年轻人才是市场，快手也在不断通过与一些明星合作，比如周杰伦、创造营的年轻偶像等入驻平台，不断吸引更多的年轻人用户，而一二线城市用户也在不断增多，截至2020上半年，快手一线城市占比15%，二线城市占比30%，三线城市24%，四线城市及以下地区占比31%[②]。而从快手的宣传标语中，也能够看出快手一直关注普通人的初心，给更多

① 邢小强，张竹，周平录，等.快手科技：追求公平普惠的“隐形”之手［J］.清华管理评论，2020.

② 快手大数据研究院.2020快手内容生态半年报：快手直播日活1.7亿，全年3亿用户发布作品［EB/OL］.［2020-07-22］. https://mp.weixin.qq.com/s/-04muXiztn_7bDvuF86kaw.

平凡人表达的空间，比如“快手，有点意思”“让世界一起见证你的美妙瞬间”“记录世界记录你”。

2. 公平普惠

快手最大的特点就是“去中心化”，与抖音的“中心化”——将流量集中于头部达人，优先推荐达人视频，注重曝光量——形成对比。快手的“去中心化”源自快手提出的公平惠普原则，是指在流量分配上照顾到每一个普通人，不聚焦达人，会将流量分配给粉丝较少的用户，让每一个内容创作者都有被看到的机会，将70%的流量分配给大多数的普通内容生产者①。同时，快手也采用智能算法进行推送，通过大数据抓取和智能推送，为用户匹配感兴趣的内容，带来更大的播放量、曝光量和参与度。

3. 独特的老铁文化

“各位老铁大家好”“老铁没毛病”“双击评论666”等词句是快手常用的语言。“老铁”来源于东北方言，是关系非常好的哥们之间的称呼，而这种老铁文化也形成了快手独特的老铁经济。无论是专注普通人的生活还是公平普惠的原则，都是快手对用户重视的表现，对用户的重视使得快手的用户黏性很高，达到58%②。快手的收入主要有直播、线上营销服务（包括广告）、电商以及其他服务等。2020年，快手直播收入占比56.5%，同比增长5.6%③。

四、快手营销

2018年10月30日，快手正式推出“快手营销平台”，全国开启快手商业化，并将平台定位于“社交商业引擎”，2019年升级为磁力引擎。磁力引擎通过公域流量吸引和私域流量沉淀为品牌、商家、用户以及创造者发挥更大的营销价值。

目前，快手具有快手广告、快手粉条、磁力聚星、素造、开眼快创、磁力金牛、磁力万象、快手联盟等多个产品。

快手广告包括开屏广告以及信息流广告，可以吸引用户注意；快手粉条则使创作者内容最大化曝光，助推粉丝增长。

---

① 富途证券.看好快手“老铁经济”的五大理由［EB/OL］.［2021-01-28］. https://36kr.com/p/1073997975695749.

② 王烽权，江积海.互联网短视频商业模式如何实现价值创造？：抖音和快手的双案例研究［J］.外国经济与管理，2021，43（02）：3.

③ 快手大数据研究院.一图读懂快手2020第四季度及全年财报［EB/OL］.［2021-03-23］. https://mp.weixin.qq.com/s/rjDe2PU5159lytZAJ0Zg3w.

磁力聚星通过直播和短视频两种方式来帮助企业、店铺和品牌商来推广营销，比如推广移动应用、店铺商品以及举办营销活动。磁力聚星为客户高效匹配达人，其中这些达人的粉丝量至少有10万，有快手平台的达人也有与快手合作的MCN机构，通过一口价付费和效果付费等方式交易，同时为客户提供效果评估、营销顾问等一站式服务。

素造是内容采买平台，通过系统推荐和互选机制为促进内容采买者和内容创作者的交易合作，同时通过开眼快创为创作者提供素材和灵感。

首先，快手营销利用快手广告以及快手挑战赛等公域流量，增强曝光度，全民触达用户；其次，又利用促进达人的交易平台磁力聚星以及涨粉工具快手粉条，根据智能分发精准的匹配到适合的达人，进行私域推广；再次，利用素造和开眼快创等不断激励优质的内容的生产；最后，能够利用快手服务号进行私域流量的沉淀，进行长效运营，形成一个营销链条。

第二节　旅游目的地快手短视频营销

一、旅游目的地短视频营销优势

1. 利用大数据，实现精准营销

快手的用户规模庞大，且算法机制成熟，是进行精准营销的基础。目前快手基于大数据、人工智能等技术手段建立了内容平台的精准定向能力，可以从基本属性、用户环境、预算排期、兴趣爱好、算法优化5个维度进行精准投放，匹配到不同圈层的人群，从而实现用户与视频的精准匹配。

2. 系列活动助力事件营销

快手通过话题标签活动，激励广大用户参与内容创作，在获得关注度的同时能够达到相应的宣传效应。比如“打开快手，发现张家界”获得了不小的关注度，同时也引发了张家界的导游纷纷开设快手号，在通过公域流量宣传的同时也能够构建自身的私域流量池。

3. 多元化、创意性内容助力内容营销

快手每天有1500万条原创视频被记录与上传，内容覆盖到各行各业，方方面面。2020上半年，快手关于旅游的短视频占比为0.8%，而日常生活占比达到

29.8%[①]，旅游视频占比不多，但是原生态、朴素的日常生活视频是当地生活和文化的反映。同时，快手通过素造以及开眼快创等不断激励用户创作。现下，短视频发展迅速，竞争力也逐渐增强，短视频内容同质性较为严重。内容为王是现在的共识，优质的内容是吸引用户的因素。

4. 私域流量助力关系营销

在关系营销中，企业与顾客之间的关系是所有关系中最为重要的一环，它追求的是企业与顾客之间能够形成一种长期的、忠诚的关系。快手在推送过程中，更加注重“关注”和“同城”的推荐，是一种半熟人的推荐方式，有利于用户之间形成社交关系链。社交短视频是快手的特征，企业可以通过服务号沉淀自己的私域流量。私域流量是企业可以自己掌握的流量，通过有温度的服务，构建和用户的长期关系。

二、旅游目的地快手短视频营销

1. 快手商业模式助力旅游目的地营销

目前，快手利用自身的商业化模式，与各个旅游目的地进行战略合作。快手和各地的旅游部门发起了“打开快手，发现美丽腾冲”“打开快手，发现甜美哈密”“打开快手，发现最美牡丹江”“打开快手，发现张家界”等系列运营活动。其中“打开快手，发现张家界”短视频征集活动，上线一周左右，就有超过2.7亿人次参与。同时快手与内蒙古锡林郭勒盟、云南永胜县、天门山也达成了战略合作项目。快手在永胜启动了“5亿流量”计划，通过投入流量资源，帮助像永胜县这样的国家级贫困县推广和销售优质特产。快手联手天门打造快手政务号矩阵，作为长期宣传展示天门文化的窗口；帮助天门市和张港镇定制快手版城市短片，浓缩展示这座城市的历史和生机，向国内外扩大传播声量展现天门城市特色IP（Intellectual Property，知识产权）。快手还结合天门作为“中国的蒸菜之乡”的特色设计了一系列主题活动。快手利用自身平台优势，通过策划事件营销、利用商家号、精准推送等方式为旅游目的地宣传、传播。

2. OTA与快手合作，带动旅游目的地营销

快手在2016年上线了直播功能，各大OTA（Online Travel Agency，在线旅游代理商）也开始与快手平台进行合作。受新冠肺炎疫情影响，各大平台加速了与

① 快手大数据研究院. 2020快手内容生态半年报：快手直播日活1.7亿，全年3亿用户发布作品［EB/OL］.［2021-07-22］. https://mp.weixin.qq.com/s/-04muXiztn_7bDvuF86kaw.

短视频平台的合作。携程与快手合作，开启了“旅游＋直播”，并获得了不俗的成绩，4 月 15 日晚，梁建章在快手开启的第五场直播，给江苏旅游带货，一个小时，GMV（Gross Merchandise Volume，成交总额）高达 2201 万，累计观看人次 289 万人，互动接近 200 万次[①]。同时在 2020 年五一期间，快手和携程联合地推景区发布“跟着快手去旅行”，其活动总播放量达到 5.3 亿以上，旅行打卡视频数达到 11.7 万以上，其中短视频播放量最多的景点是秦皇岛市北戴河、绍兴永康小长城、天安门广场，短视频发布最多的景区为珠穆朗玛峰、丽江古城以及天安门广场[②]。2020 年 3 月，同程艺龙与快手达成战略合作，打造“内容＋产品”的合作模式，打造“旅游＋直播”新业态。2020 年暑期，同程通过与快手发起“暑我会玩”挑战赛和“国庆八天怎么玩”话题等，通过达人发布短视频和 @ 同程旅行来激励用户创作内容，两次话题挑战赛带来了超过 30 亿次的播放量[③]。快手具有庞大的流量和优质的达人资源，而同程艺龙在近两年不断发展，旅游产品不断丰富，两者通过合作推动内容营销、场景营销等。快手与 OTA 们的合作，增加了旅游目的地营销渠道和方式。

第三节　旅游目的地快手营销案例

一、打开快手，发现张家界[④]

1. 合作背景

2018 年，张家界与快手合作举办“打开快手，发现张家界”。张家界致力于发展“全域旅游”，而快手用户量庞大，且在合作之前，张家界的导游早已开通快手号，通过短视频向大家展示张家界的美景，自身也通过快手获得了不少的收入，比如周天送。周天送是张家界的一名导游，于 2016 年注册快手，在 2017 年分享了一则雪后松枝的视频后，达到 30 万的播放量，并涨粉 5000，也不断有客户来询问线

---

① 快手．“带货状元”梁建章，快手直播 1 小时 GMV 超 2201 万背后［EB/OL］.［2020-04-15］. https://mp.weixin.qq.com/s/pJJg07qobGNsMy8K7G7y1g.

② 快手大数据研究院 . 2020 快手内容生态半年报：快手直播日活 1.7 亿，全年 3 亿用户发布作品［EB/OL］.［2021-07-22］. https://mp.weixin.qq.com/s/-04muXiztn_7bDvuF86kaw.

③ 快手商业洞察 . 30亿+强势曝光！快手全方位助力，同程旅行花式玩转短视频营销［EB/OL］.［2020-10-27］. https://mp.weixin.qq.com/s/76tNVQay3upU3uvN6Fp8TA.

④ 快手 . 技术赋能旅游生态产业快手与张家界达成战略合作［EB/OL］.［2018-07-31］. https://mp.weixin.qq.com/s/R-G5xx4MqUgwbQCUTg3YVQ.

路，周天送于是慢慢发展了自己的公司。目前，在快手搜索张家界，首先出现的则是一系列张家界导游的账号，比如王建华等。而张家界在城市宣传上具有很强的互联网思维，通过与快手的合作，探索“视频直播＋旅游”的发展新模式，扩大张家界旅游的影响。

2. 合作方式

短视频吸引用户深度参与。快手通过“打开快手，发现张家界”视频征集活动，在一周内吸引了2.7亿人次参与，并发布2208条作品，获得1697万点赞，同时推出了“土家族3D头饰”魔法表情和“有一个地方叫张家界”吸引年轻人参与。

开设机构号，形成传播矩阵。快手推动张家界政府部门、旅游景区、旅行社等开设机构号，形成传播矩阵，并打造了“子母号”，由母号联动管理旅行社、导游、餐饮、民宿酒店等子号。张家界市旅外委入驻快手后，多条视频播放量超过1000万，粉丝数4天突破10万人次，取得了很好的传播效果。

3. 总结

快手通过借助自身庞大的公域流量，通过视频征集活动，吸引众多用户，尤其是年轻人的参与，同时这些视频，真实且朴素，展现了当地的历史、文化以及旅游资源，从而宣传了更加立体的张家界。同时，开设张家界的机构号，为当地的旅游机构带来了流量入口，为张家界构建自身的私域流量池提供了基础。另外，快手先进的理念与技术，实现了人与人的精准连接、人与内容的精准匹配，让更多游客看到、了解一个“处处皆是风景”的全域旅游张家界。

二、City Koliday全城快乐节——快手上的武汉时刻[①,②]

1. 背景

2020年，突如其来的新冠肺炎疫情使全国各个行业，尤其是旅游业，受到了沉重的打击，而在中国共产党的领导下，全国人民众志成城，疫情得到控制，各行各业也开始复工复产。City Koliday旨在寻找和记录城市最独特与最真实的一面，而武汉作为英雄之城成为第一站。

---

① 快手商业洞察 . City Koliday 全城快乐节：快手上的武汉时刻［EB/OL］.［2020-04-30］. https://mp.weixin.qq.com/s/MEn1VB99amKehZj8mFpEFw.

② Marketing. 激发340万＋老铁们热情，快手推City Koliday城市营销IP探索商业化又一种可能［EB/OL］.［2020-05-13］. https://mp.weixin.qq.com/s/YPZXk0x6C6E9lSII9t0PjQ.

2. 方式

通过KOL带动，激发UGC（User Generated Content，用户生成内容）内容创作。在快手平台内，通过青岛大姨张大霞、陕西老乔小乔父子档、万万（童年美食）、哦哦三妹等达人带动制作武汉热干面，带动话题“为武汉助力，一起记录武汉、看见武汉”，推出10天后，视频总播放量超过7354万。同时，在微博开启了“我生活的这座城”话题讨论，扩大了传播范围和影响范围。

达人探店，助力产业复苏。达人通过短视频记录武汉街头、学校以及商场，展示武汉真实场景，通过记录美食，以美食唤起大家走向街头的欲望。

3. 总结

快手立足于当下社会背景，启动达人带动和话题带动流量的模式，运用自身真实、朴素的特点，记录武汉真实的街头场景，通过自身的老铁文化引起大家的情感共鸣。

第七章　旅游目的地直播平台营销

第一节　直播平台及直播营销

一、直播平台

1. 直播平台的发展

目前，疫情发生推动了直播的快速发展，在直播间购买产品成为常态，而我国网络直播最早可以追溯到2005年，受韩国“十一人房”视频聊天模式的影响，我国视频直播的鼻祖9158视频交友社区成立。

在初始阶段，国内直播平台主要以PC端的秀场直播为主，主要代表为YY和六间房。2014年，游戏直播开始出现，国内直播逐渐开始成熟，其中用户和直播者可以在弹幕交流。2015年，泛娱乐直播开始兴起。直播得到普及，进入大众视野，资本开始涌入市场。2016年也被称为直播元年。垂直领域直播兴起，进入全民直播时代。直播不仅在新闻、游戏等行业应用，也开始和体育、教育、电商等行业进行跨界合作。投资规模迅速扩大，竞争进入白热化阶段。2016年之后，直播门槛降低，市场也开始进入剧烈竞争阶段。其他平台也开始接入直播功能。同时，竞争逐渐转为内容竞争，直播平台优质的PGC（Professionally-generated Content，专业生产内容）和PUGC（Professional User-generated Content，专业用户生产内容）内容得以保留并成为主流。随着行业的发展，各大直播平台开始重视B端的收入，探索“直播+”，寻找新的发展。

2. 直播平台的分类

（1）秀场类直播——YY

秀场类直播是一种主播大多为受过专业培训的美女帅哥团队且由组织提供培训运营的模式化室内直播，直播主要“看脸”，主要代表为YY直播。

YY 直播曾属于欢聚时代 YY 娱乐事业部，2020 年被百度收购，而欢聚时代则将市场中心转移到海外。其中，YY 包括了音乐、脱口秀、舞蹈、户外、手游、体育、喊麦、直播购等 15 个类别，在国内直播平台中其占有率达到 40%，其变现能力也非常强，直播营收能够达到国内头部短视频平台抖音、快手直播营收的二到三倍①。

（2）游戏直播——斗鱼 TV、虎牙

游戏直播平台是超过 70% 的直播内容为游戏直播内容的网络直播平台。其中以斗鱼和虎牙为代表。

斗鱼 TV 和虎牙均于 2014 年成立，是国内目前领先的直播平台。斗鱼 TV 是一家弹幕式直播分享网站，为用户提供视频直播和赛事直播服务，而虎牙主要以游戏直播、户外直播等为特色内容，也可以进行弹幕互动，其直播已经覆盖超过 3300 款游戏。但随着发展两款软件在一定程度上具有同质性，2020 年，在腾讯的推动下，两者完成合并。

（3）泛娱乐直播——花椒、映客

泛娱乐直播包含多种形式，其主体依旧是与主播高度相关，直播的内容主播和观众的交流互动，具有较强的感情色彩和社交属性，主播会在直播间进行一系列的才艺表演。

花椒直播前身主打的产品是安全评测，在 2015 年 6 月经过转型后上线。花椒直播聚焦 90、95 后生活，每天进行互动和分享，是国内有较强属性的移动社交平台。柳岩、王祖蓝等明星不断入驻花椒直播，使得花椒直播形成了明星、网络红人、普通 UGC 和普通用户四大族群的用户生态结构。同时花椒直播也不断推出自制的综艺节目，不断拓展其垂直领域，优化其内容矩阵。

映客直播于 2015 年 5 月正式上线，是为用户提供娱乐、时尚及生动的实时互动平台。平台可让用户以多种方式互动，例如赠送虚拟物品、实时聊天、即时讯息或私信沟通及同玩社交游戏。

（4）垂直领域直播——淘宝、马蜂窝、腾讯体育

垂直领域直播平台是以体育赛事、电商、财经、旅游等为主的平台。比如，阿里巴巴在淘宝客户端直接加入了直播页面，通过直播销售商品，同时还有机会获得优惠券或者免单，相比其他销售方式更为直接，且转化率高。马蜂窝是旅游攻略

---

① 吴怼怼 . YY 直播是百度的理想型吗？［EB/OL］.［2020-11-18］. https://mp.weixin.qq.com/s/UCt8odDYGS1ISVUPVWodNg.

APP，主要专注于旅游目的地攻略，其在平台中自建一个直播频道，但目前还没有打通交易。腾讯体育是腾讯公司旗下的一款体育类应用软件，主要为用户提供各种体育赛事的直播，比如NBA（National Basketball Association，美国职业篮球联赛）、CBA（China Basketball Association，中国男子篮球职业联赛）、欧冠等比赛。

3. 直播平台的基本属性

网络直播具有内容生产、社交互动、用户打赏三大基本属性。其中，内容生产是网络直播的基础，优质的内容是吸引用户的主要因素。通过主播为主导、用户实时参与、共同生产出的直播内容，是吸引用户观看的基础。而社交互动则是直播平台的本质，互动性增强了主播与用户之前的联系，同时也形成了主播与主播、用户与用户的多维互动。目前，直播平台的盈利模式主要是打赏、广告以及“直播+”。而用户打赏是直播平台的功能属性，是主播进行网络直播的一大动力，通过虚拟礼物鼓励主播继续进行直播，并产出更加优质的内容。这三大属性决定了主播和用户的密切联系，区别于传统电视的传播。

二、直播营销

1. 直播营销的概念

目前，对于直播营销没有明确的定义。艾瑞咨询在《中国网络直播营销市场研究报告2018年》中提到，网络直播营销是指采用视频直播形式在PC端及移动端，为企业商家达到品牌推广或产品销售的目的所进行的营销。也有学者从不同的角度对网络直播营销进行定义，但其共同点在于主播和用户的双向互动交流，目的是进行营销或者品牌推广[①,②]。因此，笔者认为直播营销是以直播平台为载体，以品牌推广或产品销售为目的，通过全方位的展示，与消费者进行实时的、全方位的互动，刺激或引导消费者购买或产生印象，达到营销目的的营销模式。

2. 直播营销原理

（1）直播的本身属性——事件营销

事件营销是通过利用具有影响力的任务或事件，经过策划后来吸引媒体和消费者的关注，提升知名度和美誉度，树立品牌形象，并最终促进销售的一种营销方式[③]，而直播也不仅仅包括直播过程，也包括直播前的策划、造势、直播发布、二次

① 舒仕斌，陈矩弘．出版业网络直播营销的思索与展望［J］．科技与出版，2017.

② 谭畅，贾桦，杜港，等．浅析网络直播的定义、特点、发展历程及其商业模式［J］．现代商业，2018.

③ 骆靖，宋倩，王笑楠．网络环境下事件营销策略浅析［J］．企业导报，2012.

传播等[①]，当下不少直播是通过策划之后，利用KOL、明星等具有影响力的用户助力营销，可以增加曝光量和关注度，而进行直播的主播本身也具有一定量的粉丝，可以轻松引起关注。直播营销在当下的语境下本身就是一种事件营销，除去本身的广告效应之外，还具有一定的新闻效应，具有很强的引爆性[②]。

（2）直播平台功能属性——互动营销、场景营销

互动营销就是通过在线的活动促进企业与消费者以及潜在消费者进行包括直接、间接在内的沟通行为，从而提高品牌知名度、改善品牌印象、促进产品和服务的销售[③]。直播平台的弹幕、献花、打赏等多种功能，增强了主播和用户之间的沟通，拉近了两者之间的距离，为提高品牌形象和产品销售提供了良好的基础。

场景营销就是针对在具体的现实场景中消费者的消费心理和需求而采取的营销行为。有消费欲望才能够物化为具体的消费行为，因此营销效果的实现需要一定的场景刺激[④]。比如淘宝，通过主播试穿以及现场展示的效果，将消费者带入消费场景中来。随着VR技术的应用，能给用户带来强烈的场景感，给用户带来能够瞬间“穿越”到屏幕对面的体验。

（3）优质的PGC和PUGC——内容营销

内容营销是通过向消费者传递有价值、生动娱乐的产品和品牌信息，并在与消费者互动的过程中加强消费者品牌记忆和优化品牌形象[⑤]。直播平台内主播通过自身创作的内容来吸引用户的注意力，普通用户的UGC（User Generated Content，用户生成内容）内容，质量参差不齐、同一性强。目前，直播平台的内容由一开始的UGC逐渐转向更为优质的PGC和PUGC发展。优质的内容是吸引用户的重要因素。

（4）平台KOL——口碑营销

现代营销学之父菲利普·科特勒认为口碑是由生产者以外的个人传递关于某一产品、品牌、厂商、销售者信息，从而导致获得信息的受众改变态度，甚至影响购买行为的一种双向互动的传播行为。而直播平台中的KOL在口碑营销中起着至关重要的作用。KOL比如李佳琦和薇娅，他们具有成熟的资源，产品更多、更准确，易被受众接受和信任，并能够通过他们的方式营销用户的购买行为。

---

① 王艺琳.2016年直播营销价值报告［J］.互联网天地，2017.

② 肖红艳.基于新媒体的城市旅游目的地整合营销探究［D］.北京：北京第二外国语学院，2017.

③ 科特勒，凯勒.营销管理［M］.13版.王永贵，等，译.上海：格致出版社，2009.

④ 范红召.粉丝经济时代网络直播营销策略及模式研究［J］.现代经济信息，2018.

⑤ 周懿瑾，陈嘉卉.社会化媒体时代的内容营销：概念初探与研究展望［J］.外国经济与管理，2013.

第二节　旅游目的地直播营销

一、旅游目的地直播营销

旅游目的地直播营销是由旅游目的地营销组织在互联网环境下主导实施的新型媒体营销传播过程，基于旅游者需求导向，以在线视频实时直播为载体，向旅游者传播更为真实生动的旅游目的地信息，并与旅游者建立双向互动的关系，最终达到提升旅游目的地形象及品牌知名度，从而影响旅游者决策行为的目标①。

二、旅游目的地直播营销的优势和挑战

1. 旅游目的地直播营销的优势

（1）互动性，增强旅游者的情感体验

直播平台的弹幕、打赏功能、聊天、评论、私信等功能实现了与旅游者实时的交流和互动。这样的高互动性形成了主播和旅游者情感层次的双向交互，可以拉近与旅游者的距离，增加旅游者的情感体验。

（2）高频直播活动带动低频旅游消费

旅游属于低频消费产品，决策过程较长。传统营销中，旅游者出行前需要进行多方面的信息收集，而主播与旅游者的互动性决定了主播可及时收到来自旅游者的反馈，回答旅游者的疑问，减少旅游者的决策时间，可以用高频的直播活动带动高频的旅游消费。

（3）场景化，打破空间和时间的限制

将旅游目的地信息以及特点实时地传播给旅游者，使旅游目的地场景化，打破了空间和时间的限制。相比旅游目的地攻略来说，真实化的场景更容易吸引旅游者的注意力。同时真实化的场景，可减少旅游者期待与实地体验的落差，提高旅游目的地满意度和形象。

（4）降低营销成本

传统营销大多通过图片、文字、广告等形式进行营销传播，体验性差。而直播

① 尹峙．“互联网＋”背景下旅游目的地的旅游直播营销研究［J］．经贸实践，2017.

营销通过真实的场景以及有创意的内容，引起用户的注意和情感共鸣，同时开始大量传播，传播速度快，传播范围广，营销成本较低。

2. 旅游目的地直播营销的挑战

如何将用户流量变现，使其成为实际旅游者是旅游企业需要面对的问题。旅游商品本身的虚拟性，使用户在购买时需要考虑出发地、目的地和时间，冲动消费比其他快消和美妆行业要低。梁建章通过直播带货获得了不俗的成绩，但目前直播带货带来百万级销量的案例并不多。目前飞猪与马蜂窝都直接接入了旅游直播的功能。飞猪近两年尝试KOL直播晚会等模式，获得不俗的成绩。飞猪背后有阿里强大的支撑，同时阿里电商体系成熟，客流量较大。马蜂窝的旅游直播平台还未开始交易。而其他则是采用和第三方平台合作的方式，之前斗鱼与去哪儿合作的“旅游直播”节目吸引了不少人在线观看，但是未公布其成交量①。旅游直播越来越受欢迎，旅游企业纷纷尝试旅游直播，竞争开始增强。同时，旅游目的地大多也是通过与第三方直播平台进行合作，运用网红、明星、KOL等的影响力结合活动营销和事件营销。目前，将用户流量变为实际旅游者仍具有较大的挑战性。

三、旅游目的地直播营销策略

1. 旅游主题 + 网红 /KOL/ 明星效应，事件营销

通过策划旅游热点事件，利用网红 / 明星 /KOL来吸引用户的注意力，进行直播。途牛与花椒合作，直播明星颜丹晨量子号邮轮行，成交额破100万元②。事件营销具有两种模式：一种是借力模式，企业通过向社会热点话题靠拢，转变为自身企业议题；一种是主动模式，企业设计自身的议题，通过宣传后使其成为关注的热点。而直播本身具有事件营销的属性，策划旅游主题来借势或主动造势，都使此次事件具有一定的广告效应。直播平台的各个网红、KOL拥有一定量的粉丝，并被用户信任。在粉丝经济时代，明星效应优势凸显，为直播带来了巨大的流量。

长隆打造了名为“618父亲节”的概念，主题围绕“我爸爸很会玩”展开，与花椒、美拍、淘宝、YY直播等直播平台合作。通过邀请符合父亲节形象的《爸爸去哪儿》节目主持人李锐，以及全国30名辣妈主播，利用李锐的亲子粉丝以及辣妈主播的私域流量，达到既精准又广泛的曝光。李锐的直播超过140万观众观看，而

① 蒙涓 . 浸入式体验下的“旅游 + 直播”新场景营销模式分析［J］. 市场论坛，2017.

② 北京商报网 . 花椒直播发布平台战略［EB/OL］.［2016-06-19］. https://www.bbtnews.com.cn/2016/0619/151594.shtm.

辣妈们也为当天的活动带来了60万目标受众的精准曝光。同时《奇葩说》选手马薇薇探讨“隐形爸爸”等话题，引起旅游者共鸣，最后父亲节营销创造了超过350万的成交业绩①。

2. OTA+ 直播，带动旅游目的地营销

直播平台探索“直播 +”，旅游行业“旅游 +”受到热捧。“旅游 + 直播”凭借其互动和场景化的优势受到旅游行业青睐。因新冠肺炎疫情，旅游业大受影响。而一些旅游企业纷纷开始通过一系列方法自救，“旅游 + 直播”受到欢迎。2020年，飞猪在3月初的直播已经比2月的场次多了2倍多，单场最高观看量达到750万人次；自2月在APP上线直播频道后，目前马蜂窝已经在全网开展了逾千场直播；3月，同程艺龙在微信小程序上开展了“318会员日”直播，全天直播共19场，累计观看人次突破350万②。梁建章亲自上阵进行直播，甚至还开始Cosplay（角色扮演）。根据36氪记录，梁建章在直播时，前半小时达到100万的交易额，50分钟达到350万，1个小时内共卖出价值1000万元的旅游产品。飞猪、携程、马蜂窝、同程艺龙等OTA在2016年左右就开始尝试直播，比如：去哪儿与斗鱼合作，途牛与花椒合作等。

3. 直播赋能旅游目的地

2019年4月9日上午，虎牙直播湖南分公司在长沙金鹰文化创意园举办开业仪式，其线上频道“虎牙湖南”正式上线并投入运营。新成立的虎牙湖南公司将依托虎牙直播的平台和技术优势，以“与你一起发现美丽湖南”为宗旨，进行内容分发及媒体经营业务。虎牙直播开设了湖南品类，并开设湖南方言秀、湖南户外、湖南美食等多个直播间，创造“第二世界”，通过直播互动，使用户摆脱其“第一世界”，跟随主播的脚步，在空间内体验特色鲜明的湖南方言，与主播一起深入湖南的大街小巷，品尝湖南美食，感受湖南的人物风情，共享湖南省特有的湘文化。通过主播向用户展示真实的用户场景，体验湖南当地特色湘文化，可以提高旅游者的情感体验。

通过入驻平台，开设属于目的地的品类，有助于旅游目的地沉淀自己的流量；同时通过当地的主播展示真实的旅游目的地，能够减少旅游者的落差，提高旅游满意度。但是，虎牙直播作为游戏平台，且目前湖南品类下的直播内容偏娱乐化，无

① 腾讯财经．直播 + 网红长隆开启精准营销新模式［EB/OL］．［2016-07-01］．https://finance.qq.com/a/20160701/045312. htm.

② 环球旅讯．直播风口下，躬身入局的OTA都是怎么玩的？［EB/OL］．［2020-04-07］．https://www.traveldaily.cn/article/136917.

法持续地吸引用户。与合适的平台合作，打造优质的内容，找到与直播平台的平衡点，才能够达到好的宣传营销效果。

4. 利用高效互动营销，减少旅游决策时间

由于旅游产品的无形性和虚拟性，消费者会慎重地考虑，旅游决策过程较长。直播平台自身的功能属性，使得主播与旅游者之间能够实时地互动。真实的场景和高效率的互动，可以拉近与旅游者的距离，提升旅游者的情感体验。

瑞士格劳宾登度假区将其广告投放在瑞士苏黎世中央车站，主播在度假区前方进行直播，直接与火车站的人打招呼和互动，同时广告牌还具有门票打印的功能，旅游者同意后便可直接出票。这样有创意的直播方式满足了旅游者的猎奇心。轻松愉快的互动以及给力的准备，使得说走就走的旅行得以实现。

第三节　旅游目的地直播营销案例

一、梁建章 BOSS 直播[①,②,③,④,⑤,⑥,⑦,⑧,⑨,⑩]

突如其来的新冠肺炎疫情，使旅游业停摆，携程也有大量订单开始退订。2020

---

① 相欣 . 对话“网红主播”梁建章：携程最危险的时刻，我没有缺席［EB/OL］.［2020-06-01］. https://mp.weixin.qq.com/s/-V91clvaoVXnYkibzkvWTA.

② 携程黑板报 . 副市长与梁建章湖州直播带货 2691 万！“很拼”背后，展现旅业复兴深逻辑［EB/OL］.［2020-04-02］. https://mp.weixin.qq.com/s/VR6pWS9_G9yH7CNFRRhCY.

③ 华高莱斯 . 珠海不止有长隆：横琴星乐度 · 露营小镇有看头！［EB/OL］.［2020-04-15］. https://baijiahao.baidu.com/s?id=1664004686520426341&wfr=spider&for=pc.

④ 环球旅讯 . 白天鹅尝试直播带货，老牌高星酒店和携程会擦出什么火花？［EB/OL］.［2020-04-10］. https://www.traveldaily.cn/article/137038.

⑤ 达人推 .1 小时带货 2201 万！携程梁建章连线散打哥、浪胃仙创惊人战绩！［EB/OL］.［2020-04-17］. https://www.sohu.com/a/388811519_120444951.

⑥ 鞭牛士 . 携程梁建章直播连线潘粤明，助推两广开启旅游复兴之旅［EB/OL］.［2020-04-10］. https://baijiahao.baidu.com/s?id=1663568300553019592&wfr=spider&for=pc.

⑦ 携程黑板报 . 携程“国内直播”即将通关：下一站韩国［EB/OL］.［2020-06-25］. https://mp.weixin.qq.com/s/QQvRMLILZIiRF0FevqUYyg.

⑧ 携程黑板报 . 拓宽旅行直播“货”与“场”：携程海外直播 4 国开售旅行手信［EB/OL］.［2020-07-23］. https://mp.weixin.qq.com/s/5_hFs8xTsQRCxoZUfspMYg.

⑨ 北青网 . 梁建章：直播川剧“变脸”1 小时带货 4472 万总成绩破亿［EB/OL］.［2020-04-23］. http://finance.ynet.com/2020/04/23/2545168t632. html.

⑩ 环球旅讯 . 2020 携程“BOSS 直播”大数据：GMV 累计超 11 亿，产品核销率近 5 成［EB/OL］.［2020-07-29］. https://www.traveldaily.cn/article/139488.

年3月携程启动“旅游复兴V计划”，携程以“BOSS直播+高星酒店产品预售”为核心，将产品预售和品牌曝光完美结合。梁建章于3月前往三亚考察，3月20日和海南省政府签署战略合作协议，而携程正好有预售产品要推出，梁建章走进抖音“携程旅行”直播间，开始了第一场直播，在第二场直播贵州站后，“每周三”直播开始形成惯例，并打造了“BOSS直播”“周末探店”“境外直播”直播矩阵。

1. Cosplay（角色扮演）引关注，打造梁建章IP（Intellectual Property，知识产权）

梁建章在三亚·亚特兰蒂斯酒店进行了第一场直播。三亚的直播较为仓促，梁建章和团队的衣服都是直接在行李箱中拿出的，内容形式也较为平淡，更像是采访或者访谈，但也创造了1000多万元的酒店销售额。而令人印象深刻的是第三场直播，梁建章在湖州安吉《卧虎藏龙》经典剧情拍摄场地大竹海COS（Cosplay，角色扮演）了三生三世的夜华，却被误认为是白娘子。而梁建章在四川体验了四川变脸后，在腾冲柏联酒店在穿当地特色藏装的同时增加了四川变脸表演。相比于第一场直播的仓促，梁建章每次直播COS的角色都经过深思熟虑。就比如在北京时，梁建章根据北京的特色和自身的特色（认为康熙年间的人口增长最快），COS了清朝皇帝康熙，同时还COS了唐伯虎、秦始皇、孔子等角色，丰富了直播内容，同时也打造了梁建章的IP。

2. KOL+明星，带动关注

在江苏常州的直播中，梁建章与快手达人散打哥和美食达人浪胃仙连线切磋酒店、美食经验。梁建章是旅游专业玩家，而散打哥在快手平台具有5000多万粉丝，浪胃仙有2000多万粉丝，大BOSS+平台千万级达人，带来了2000多万的成交额。携程在2018年就邀请明星艺人潘粤明拍摄了治愈年轻人的广告，而在深圳和横琴星乐度·露营小镇的直播中，梁建章也连线了潘粤明共同进行直播带货，在深圳的GMV（Gross Merchandise Volume，成交总额）达到1323万元，在星乐度则吸引了190.6万人在线观看，多达134.6万人为直播点赞。

3. BOSS联动

2020年10月，京东零售集团CEO做客携程直播间，与梁建章组成“双BOSS组合”，而在此前携程与京东已经达成战略合作，不光是携程的核心产品接入京东，两家企业还在用户流量、跨界营销、电商合作、商旅拓展等多方面进行全方位合作。众所周知，梁建章、季琦、沈南鹏和范敏为携程四君子，而在2020年11月，季琦做客梁建章的BOSS直播间，开启华住专场，在上海外滩的华住集团高端酒店花间堂，共同进行直播。

4. 携程通过与当地政府合作，为旅游者提供更多优惠

常州给予补贴2800万元、贵州给予补贴1500万元、天津给予补贴500万元……2020年3月与湖州市人民政府签约开始战略合作，湖州也整合市、县资源，推出各类品全共计56万张，总价值超过了1.98亿元。同年4月，梁建章与湖州副市长闵云共同直播，GMV达到2691万元。

5. “周末探店”和“境外直播”

从5月1日起，梁建章在开元森泊酒店开始“周末探店”，并且通过“边探边卖”和“单店场景”两种模式直播，助力具有鲜明特色的“非标”酒店。在“周末探店”模式中依旧是梁建章以及相关主播达人助力，比如在开元森泊邀请了旅游达人“嬉游”主理人“急速菜菜”合作，在珠海长隆海洋王国附近的企鹅酒店邀请了三位美女主播，通过“逛街式”直播模式，为大家带来更加直观的具有体验式的直播。除此之外，并和拈花湾、乌镇、君亭集团夜泊秦淮、秦皇岛阿那亚共开启了6场“周末探店”直播。“境外直播”主要包括境外品牌酒店，包括韩国、泰国、日本以及新加坡等，在梁建章的第19场直播中，梁建章和助手在厦门身着新加坡“峇峇娘惹”传统服饰，为新加坡酒店，比如新加坡滨海金沙大酒店等“带货”，成交额达1583万元。

截至2020年7月29日，BOSS直播20场，累计交易额超9.4亿元，高星酒店平均每秒卖8套，直播观看人数超4600万人；“周末探店”直播累计交易额超1.6亿元；境外高星酒店“带货”超过1亿。而携程也在不断地持续深耕内容，将直播常态化，开设了“星球号”，将社区、直播以及商品旗舰店三大功能集合在一起，无论是商家还是旅行爱好者都可以入驻星球号，通过直播来沉淀私域流量。

二、奇妙的冰雪之冠冬季直播旅游[①,②]

2016年冬季，为落实习总书记“冰天雪地也是金山银山”的重要讲话精神，在相关部门的部署下，为宣传黑龙江冰雪资源，以“冰雪之冠·畅爽龙江”为品牌，打造黑龙江冬季精品旅游线路。

以直播（采用4K高清直播技术）为主要方式，短视频、海报等方式辅助，与

① 佚名．奇妙的冰雪之冠冬季直播旅游营销案例［J］．国际公关，2017（05）：78-79.

② 华夏经纬网．中国首部大型冰雪直播秀“奇妙的冰雪之冠”荣获数字营销奖［EB/OL］.［2017-10-30］. http://www.huaxia.com/ly/lyzx/2017/12/5579119. html.

花椒直播、北京时间、小米直播、今日头条、秒拍、乐视、爱奇艺、优酷、北京时间等平台进行合作，同时邀请旅游达人造势，以黑龙江重点旅游资源地黑河、伊春、漠河、齐齐哈尔、哈尔滨、镜泊湖、雪乡等为主要直播地点进行宣传推广。

直播营销主要分为三个阶段，一是活动预热期，通过系列海报以及直播 H5 等方式进行预热，宣传冰雪旅游玩法和黑龙江特色目的地。二是活动爆发期，以直播平台为主进行直播，扩大影响力，同时在短视频平台推出优质短视频，在北京时间等 PC 端搭建活动专题页面，通过多种方式、多种渠道，打造“奇妙的冰雪之冠”黑龙江大型直播活动。三是活动延续期，上线“奇妙的冰雪之冠”冰雪旅游栏目，将直播视频在短视频平台发布，延续影响力。

活动在直播以及短视频平台同步播放，7 站直播总计 15 场，累计直播时长超过 660 分钟，累计曝光量破 30 亿，直播 + 短视频观看量超过 1.4 亿，打造了“冰雪 + 旅游 + 直播 + 短视频 + 网综”的创新模式，将冬季黑龙江独特的冰雪魅力展现在大众面前。

第八章　旅游目的地马蜂窝平台营销

第一节　马蜂窝平台及马蜂窝营销

一、马蜂窝的概念与发展

1. 马蜂窝的概念

马蜂窝旅游网是中国领先的自由行服务平台，由陈罡和吕刚创立于2006年，从2010年正式开始公司化运营。马蜂窝的景点、餐饮、酒店等点评信息均来自上亿用户的真实分享，每年帮助过亿的旅行者制订自由行方案。该公司发布自由行产品以来，逐渐探索出一条与传统OTA截然不同的营运模式——基于个性化旅游攻略信息构建的自由行交易与服务平台。马蜂窝是以自由行为核心，基于旅游社交和旅游大数据的新型自由行服务平台，用户通过交互生成内容，经由数据挖掘和分析，形成结构化的旅游数据并循环流动。马蜂窝是中国最大的旅行分享网站之一，提供全球旅游攻略、旅行点评等综合服务。其旅游攻略来自真实的旅行爱好者们的UGC，以自由行为核心，提供全球60 000余个旅游目的地的旅游攻略、旅游问答、旅游点评等资讯，以及酒店、交通、本地游等自由行产品及个性化服务。马蜂窝的景点、餐饮、酒店等点评信息均来自用户的真实分享，每年帮助大量旅行者制订自由行方案。马蜂窝旅游网是基于旅游社交和旅游大数据孵化出的新型自由行服务平台，探索出独有的“内容＋交易”商业模式。马蜂窝自由行交易平台的出现标志着个性化旅游——自由行时代的到来。

2. 马蜂窝的发展

马蜂窝定位于旅游社交网站及自由行交易平台，不过从旅游社区和攻略起家的它，初衷是出于创始人的喜好而创建起来的业余平台，用户以游记的形式分享旅行路书、攻略、亲身经历等内容。2010年，马蜂窝正式作为商业项目开始运营，基于个性化旅游信息构建旅行产品交易平台，让垂直的优质内容与旅游供应链实现连接。马蜂窝站在自由行消费者的角度，帮助用户做出更加合理的旅游消费决策。

UGC、旅游大数据、自由行交易平台是马蜂窝的三大核心竞争力，社交基因是马蜂窝区别于其他在线旅游网站的本质特征，其“内容＋交易”的运营模式也是很独特的变现方式。马蜂窝形成了“足迹、点评、问答、行程、游记”的金字塔形结构，覆盖了旅游内容产生的全程，这些优质的UGC信息基本覆盖了全球大多的旅行目的地，满足了用户的不同需求。通过与全球各地的合作伙伴对接，马蜂窝在当地直接采购旅游产品和服务，省去中间交易环节。

马蜂窝通过搭建专门的自由行服务平台，为自由行合作伙伴提供全方位的产品展示、引流、线上支付、大数据支持和销售服务体系等解决方案。同时，也将巨大的用户流量与线下企业共享，无须企业花钱买流量，从而节省高额的推广费用，共同致力于为消费者提供高性价比的自由行产品。马蜂窝打通了企业内部和外部的信息流、产品流和服务流，专门研发了功能强大的自由行数据分析系统，对PC端、移动端的自由行用户行为偏好进行精准分析，发布旅游报告，得出自由行的热门目的地、关注的航班、热门酒店等。根据这些数据，马蜂窝与全球供应商合作，进行自由行产品的用户反向定制和销售（也称C2B模式），协同供应商对自由行产品进行优化和重构。

3. 马蜂窝的产品功能①

马蜂窝偏重激发用户自行创造全面、高质量的游记攻略和点评内容，社交基因非常显著，这也符合马蜂窝以旅游攻略、旅行问题为主要核心产品的功能定位。虽然马蜂窝的核心在攻略部分，但是马蜂窝也逐渐开始在其他产品方向上扩展，如与艺龙在酒店上的合作、与其他第三方公司合作等。马蜂窝的基本功能如表8-1所示。

表8-1 马蜂窝的基本功能

类别	描述
旅游攻略	它是马蜂窝的主要功能，也是核心竞争力。马蜂窝内海量用户信息和强大的编辑团队提供高质量的攻略，辅助潜在用户制订出行计划
旅行论坛	它是一个可以向他人提问旅行相关问题，搜索、回复问题及讨论发布问答的平台。这种方式交互性强，内容丰富，足够用户找到想要的建议和旅游决策
自由行	马蜂窝根据用户平时的搜索和浏览习惯，匹配出热门目的地、酒店，然后与供应商预售和反向定制自由行产品，实现精准营销

① 丁毓．马蜂窝用“内容＋交易”打造下一个风口［J］．上海信息化，2018.

续表

类别	描述
当地游	它旨在为自由行用户找到各地值得体验的游乐项目，包括景点门票、美食特产、交通票务、演出展览、当地娱乐 1~5 日游等，为旅行者提供超值且富有当地特色的自由行产品
寻找旅行家	它是马蜂窝旗下旅行家专栏的阅读分享平台，旨在分享旅行家独特视角下的旅行经验。专栏以纪实、趣味和实用为主，内容涵盖旅行方式、人文风俗、时尚美食等
社区产品	马蜂窝的 UGC 内容形成了“足迹、点评、问答、行程、游记”的金字塔形结构，覆盖了旅游内容产生的全程

二、马蜂窝营销①

1. 马蜂窝营销的概念

马蜂窝采用了以用户为中心的内容营销，通过个性化的玩法增强用户黏性，重点采用以用户交互为核心的内容营销方式，通过无数用户的真实分享，进行长期有效的品牌推广，创造与用户生活相关的内容，让品牌价值与场景产生关联，潜移默化地吸引用户的注意力。马蜂窝采用以“攻略 +”服务生态为核心的营销方式。攻略是马蜂窝招徕新用户的核心价值，对攻略的意义进行深度的解读与扩展。马蜂窝将立足内容优势，围绕“攻略即服务”的核心理念，构建“种拔一体”决策闭环，打造一种覆盖内容营销、IP 营销与数字营销的全景营销图谱。未来，马蜂窝将主抓兴趣社区和圈层玩法，扩展营销半径和营销场景，利用对圈层的深入理解，帮助更多品牌进入年轻人的世界。

2. 马蜂窝营销的理论基础②

（1）内容营销

内容营销指的是以图片、文字、动画等形式，向客户传达有关企业的相关内容信息，促进销售，通过合理的内容创建、发布及传播，向用户传递有价值的信息，从而实现网络营销的目的。根据不同的载体，传递的形式各有不同，但是内容的核心必须是一致的。马蜂窝作为一个有用户规模的在线社区平台，用户愿意在平台进行分享和交流，而平台将这些最实时、最新鲜的 UGC 收录下来。马蜂窝有一套很强的攻略引擎和以目的地为主的信息结构体系，通过与搜索引擎相关的一些数据挖掘、语意分析等技术和手段分析用户内容，更准确地将地理位置等进行归类，并且以结构化的方式存储；另外，它也以“旅游攻略”形态把这些信息分发给更多即将

① 谢敏 .UGC 型移动旅游客户端的传播现状及效果研究［D］. 成都：成都理工大学，2019.

② 张露萍 . 旅游类垂直社交媒体平台的互动发展模式分析：以马蜂窝旅游为例［J］. 传媒，2019.

出发的旅行用户。可以说，马蜂窝后续的数据挖掘和精准营销，都是基于其UGC而产生的。

（2）社区营销

社区营销作为一种全新的营销模式，其本质没有发生改变，通过营销方法的创新以及创意整合，进行营销方法的确定，以实现营销管理工作的稳步创新。社区营销作为社区服务中最为核心的营销推广技术，是传统营销活动的创新，同时也是最为有效的营销以及推广活动。在社区营销中，其存在着较强的可信度，可以保证活动宣传的有效性，并为社区营销寻找更多的机会以及思路。马蜂窝最初只是简单的“博客＋小组”形态，以目的地归类游记，用户互动以游记为中心，后续将社区的信息传播通路转变为以人为中心，从而以人际关系提高了平台对用户的黏性。马蜂窝无论是工具属性的旅行攻略、媒体属性的大数据和内容发布者，还是综合了信息和交易的一站式旅游服务平台，在发展历程中始终携带着浓厚的社区基因。

（3）场景营销

场景营销是指转换产品的使用情景，让产品在新情景中有新作用，将客户活动按照各类场景化进行梳理和划分，进行差异化营销，根据不同客户的使用习惯和感知关注点，推送不同的业务，最大限度满足客户需求，提升使用黏性。美国科技创新领域记者罗伯特·斯考特在《即将到来的场景时代》一书中提道：“未来25年，场景时代即将到来。”他认为移动设备、社交媒体、大数据等高科技相互渗透，为现代商业发展提供新的支撑。回顾马蜂窝过往成功的营销案例，创建和营造不同的旅游生活场景，一直是马蜂窝最擅长的事。其“未知旅行实验室”利用“未知”概念设置悬念，让用户不断地猜测和参与其中，从“未知旅行”“激光狩猎者”“泰爱水灯节”等营销活动可以发现，灵活与年轻成为其突出特征。

三、马蜂窝营销的形式①

基于UGC碎片化的趋势正越来越明显，用户在使用马蜂窝的APP时更倾向于用拍照、点评的方式，来为酒店、餐厅、购物中心以及特色旅游项目投票。因此，马蜂窝利用数据分析重塑旅游攻略，其方向是信息结构化与使用简单化。用户每收藏一份游记，也就意味着马蜂窝给上游的OTA合作商带来了一次销售线索。除了对以往积累数据的结构化，马蜂窝也在引导用户的游记写作方向，对新产生的数据进

① 刘作红．分析社区营销的实质与模式［J］．中国市场，2020.

行处理。

1. 构建 POI 信息库

马蜂窝将自己的精神密码阐述为“会玩的人”和“好玩的事”，目前用户不再满足于攻略提供的玩法，他们更希望探索未知，发现新的世界。马蜂窝将社区里游记中杂乱无章的酒店、景点、餐厅等 POI（兴趣点）信息做出特别标注，利用语义分析及数据挖掘技术，拆解出其中的商业信息点，转化为价值链数据，不断细化丰富，构建庞大的 POI 信息库。用户点击即可收藏到云中，最终可以制订出一份个性化的行程单。这种信息结构化的策略，使得实用的出行信息与感性的游记文字无缝融合在一起，将旅游过程中的食、住、行、游、购、娱都包括进来，为用户制订旅游计划提供翔实的参考。

2. 口碑推广

马蜂窝的核心是帮助用户做出旅游的消费决策，运用独有的攻略引擎技术，可以计算出一套消费排行榜。例如：马蜂窝能够通过用户在游记里面提及的次数、评价的口碑，以及拍摄照片的数量，计算出一个景点及酒店排行榜，告知用户景点和酒店的公信力，以帮助旅游爱好者做出决策。马蜂窝的推荐引擎更为节省且精准，并能带来更高的转化率。基于真实可信的攻略计算出来的消费排行榜，让用户获得了良好的旅行体验，也为旅游代理商带去巨大的流量，通过口碑推广，让旅游商家也能够获得更多的收益。

3. 马蜂窝对旅游目的地的推介与引流

马蜂窝的核心价值就是为用户提供真实有效的信息，帮助用户制订正确的旅行决策，帮助用户解决旅行中的问题，实现该价值的方式是通过无数用户的真实分享。马蜂窝采取“分舵”机制，在各地组织一批对当地非常熟悉同时又非常了解旅行需求的热心用户，由他们来维护和更新各旅游目的地的游记，吸引更多用户通过社交软件参与分享。在这种分享氛围的引导下，容易与用户形成较好的交流氛围和黏性，在介绍旅游目的地的同时，为当地带来巨大的流量。

四、马蜂窝营销的优势①

1. 丰富的 UGC 资源

马蜂窝用户原创内容强大，攻略游记涵盖了全球 60 000 个旅游景点，真实可靠，

① 陈罡 . 马蜂窝用户＋社交＋个性［J］. 成功营销，2014.

更新速度快。用户自主原创越多就会被越多用户发现，也将会吸引越多用户的参与。

2. 巨大的用户信息库

对于马蜂窝自由行这类资讯类 APP 而言，掌握了信息也就相当于掌握了用户。马蜂窝在移动端拥有大量的用户资源，其旅游攻略是核心，通过技术手段，将攻略中旅游目的地和周边的酒店、美食等商家进行标记和提取，帮助用户制订旅游计划。用户就意味着变现的资本，借助大数据分析可以实现反向定制旅游产品，并对旅游目的地形成巨大的营销推力。

3. 以“攻略 +”深耕兴趣圈层

旅行需求的个性化已成为行业共识，如何深入理解和满足游客的个性化需求，是旅游产业发展需要面对的关键课题。马蜂窝在基于旅行兴趣延展出的多元圈层，已展开了丰富且卓有成效的营销探索和实践。从潜水、滑雪、登山，到旅行摄影、穿搭、购物、探店，基于兴趣圈层的精准营销，能够为各行业带来品牌资产、品牌流量与品牌价值的全面提升。马蜂窝基于不同场景、不同圈层打造的内容生态，将实现用户从“找内容”到“逛内容”的行为路径转变，并借助大数据完成从“人找内容”到“内容找人”的升级。

4. 优化资源配置

大数据不仅是数据大量的集合，更是数据的深入挖掘与分析。马蜂窝能够依托大数据来优化供应链资源分配，通过用户的收藏和点评攻略，将旅游目的地进行分类和排名，为当地旅游发展提供借鉴，从而提高旅游资源供给能力，促进旅游的发展。

第二节　旅游目的地马蜂窝营销案例

案例一：电梯里的电话[①]

一、案例背景

马蜂窝“未知旅行实验室”是旨在探索“旅行与人性”奇妙关系的非常规理想

① 中国青年网：http://finance.youth.cn.

主义营销品牌，定期面向大众发起以“未知”为核心的旅行实验，期望与全球旅行者共同探索世界上与旅行相关的一切未知与可能。未知旅行实验室推出的“电梯里的电话”等项目，已经成为互联网行业成功的现象级营销事件。马蜂窝用这种方式打造了一个极具创意的沉浸式电梯场景体验，让忙碌于工作与生活的人们，从压力繁重的工作生活中得到片刻的抽离，来一次小剂量的旅游充电。

二、活动内容

2019 年 7 月初，马蜂窝旅游网将北京金融街一栋写字楼的电梯，打造成了一个充满惊喜的奇幻旅行空间。电梯四周挂满了马蜂窝用户拍摄于世界各地的旅行照片，最引人注目的是一部居中摆放的复古造型电话。当各类职场青年、保洁阿姨、快递小哥走入电梯，电话铃突然响起，来自世界各地的美妙声音便会通过话筒流入耳朵，成为人们忙碌间隙的一份享受。通过听觉、视觉的交融，将普通的电梯变成一扇瞬间通往广阔世界的大门。当下的职场人与远方的旅行者，当下的电梯空间与远方的未知世界，形成强烈的反差。

本次活动耗时 3 个月，联合 50 名用户，从世界各地收集了上百组旅行声音片段，最终选择 100 段声音，装进电梯里的电话机中。除了声音，这些用户的旅行照片和故事，还出现在北京的多条地铁线路的车厢之中。6 月中旬起，马蜂窝在北京地铁 1 号线、2 号线、10 号线等十余条线路上投放了以“双面人生”为主题的地铁广告，将不同职业的年轻人在生活中常听到的职场对话，与旅游场景中听到的声音进行了有趣的对比，呈现出年轻人在职场与旅行中不同的个性。

三、活动效果

本次电梯场景营销也是“双面人生”主题活动的有机组成部分。电梯和地铁都是当代人工作生活的典型场景，通过用画面和声音的方式营造了不同质地的冲突感，引发人们的思考。参与这场浪漫行动的 50 名用户和大多数当代年轻人一样，从事着普通的职业，来往于写字楼的电梯中，但他们收集的旅行声音却极富感染力，凝聚着他们在旅途中感受到的震撼与美好，也体现着他们打破平淡氛围，追求美好生活的向往与行动。现代都市生活的压力常常让人们逐渐丧失对世界的想象力，我们甚至会不自觉认为，眼前当下便是人生全部。生活需要发现美的眼睛，通过本次活动，50 名参与者开始重新定义生活中的未知乐趣，即使在两平方米的电梯内也有惊喜，哪怕是每天都会打开的电梯门，也有可能通往一个未知的世界。就像这些照片与声音的提供者一样，他们可以走出熟悉的生活圈，在旅行中发现世界的美好。

四、活动效应

由于本次活动在人流量较大的地铁线路投放广告，加之活动的成功举办，吸引了大量的上班族开始关注马蜂窝的系列活动。许多用户开始选择逃离喧嚣、逃离复杂的人际关系、逃离时刻占用精力的网络去静静，重新换了个地方体验不一样的生活。本次活动也为马蜂窝旅游网的品牌打造带来了积极的影响和成效。

1. 品牌认知度提高

从2010年公司成立至今，马蜂窝旅游网经历了从旅游社区向在线旅游平台的蜕变，通过融资、品牌焕新到大规模广告投放，向用户时代迈进。未知旅行实验室成立之初，人们对于马蜂窝的认知普遍停留在旅游社区、旅游攻略阶段，马蜂窝不仅迫切需要让更多人知道，更需要让更多人了解其功能与价值。如今，马蜂窝通过“电梯里的电话”等活动向更广阔的市场进军，马蜂窝大数据引擎每时每刻都在“内容交易”的系统内进行“新陈代谢”——马蜂窝内容信息和交易产品所覆盖的目的地越来越广，服务能力更加完善。

2. 品牌好感度提升

未知旅行实验室从未设置任何以销售为导向的目标，而是着眼于和用户达成共鸣。实验室每次发起的活动，大多以情怀至上和理想主义为主要特征，用户能够从每次活动的创新发展中感受到马蜂窝的品牌调性和对旅行的追求，以及马蜂窝对每一位用户的用心。“用户是家人”一直是公司上下一致贯彻的行为宗旨。所有参与过、了解过未知旅行实验室的用户，都能够与品牌达成共鸣，从而提升对马蜂窝品牌的认可度和好感度，继而提高忠诚度与活跃度。

3. 巩固年轻化品牌定位

与传统OTA不同的是，马蜂窝一贯保持着新、潮、酷的年轻化品牌形象，也是旅游行业中最了解当下年轻旅行者的新型在线旅游平台。年轻、个性、分享、移动社交，这就是马蜂窝的典型用户画像。在传统OTA提供千篇一律产品与服务的情况下，马蜂窝从情感和社交关怀出发，以攻略、内容为核心，发掘更多个性化、差异化的产品和玩法，利用大数据引擎、精准的用户画像及个性化推荐，让不同需求的消费者都能快速找到合适的旅游信息及产品，更加精准地满足年轻用户的需求。而未知旅行实验室，则是马蜂窝与年轻旅行者建立联系的有效渠道，是马蜂窝作为新旅游企业标杆的重要行业布局。

第九章　旅游目的地小红书平台营销

第一节　小红书平台及小红书营销

一、小红书

（一）小红书简介

小红书于 2013 年由毛文超和瞿芳始创于上海，两位创始人发现虽然现下有很多聚焦出境旅游的信息平台，但海外购物市场有很大的空白。2013 年 12 月 25 日小红书在苹果手机应用商店上线。

在小红书上线之初，得益于其精准的市场定位与极具特色的内容，小红书备受年轻用户的喜爱。随着用户分享生活领域信息以及了解生活的欲望越来越强，小红书为了满足用户需求开始进行精准营销，并及时扩充分享内容，从单一的海外购物分享发展到覆盖美食、旅游、学习、育儿、美妆在内的各类生活方式分享平台，年轻人也被这样的分享内容吸引，形成了不知道怎么生活就上小红书的习惯。小红书丰富的分享内容也吸引了数千位名人入驻小红书社区，在“明星效应”的带动下，小红书改变了初期广告零投放模式，在综艺、安卓用户及下沉市场的大力推广中，小红书在 2018 年迎来了新一轮的用户增长。

2019 年，小红书通过小红书品牌合作人平台为品牌方、内容合作机构及博主提供入口，品牌方在此平台可以直接接触营销平台，内容合作机构可查看相关信息，已通过验证申请的博主可以直接查看自己的商业数据，并对自己的笔记报价，设置权限。小红书这一改变使得品牌与博主的合作更为透明，增强了品牌与博主对平台的信任，吸引了更多的品牌和达人入驻平台。除此之外，小红书通过媒体营销，赞助各大卫视春晚，开展一系列营销活动，效果明显，活跃用户数是 2018 年的 3 倍。

到 2019 年，小红书已经在全球拥有 1.5 亿年轻用户，成为 200 多个国家和地区 7000 多万年轻消费者必备的“种草神器”[①]。

（二）小红书内容运营策略

1. 内容方向不断扩大

内容方向决定了小红书内容运营的整体基调。从创建之初到现在，小红书的内容方向从香港女性购物用户到海外购买的潜在客户，再到购买跨境商品的网上用户，再到今天生活方式分享平台，小红书目标用户规模一直在扩大，从特定地点的特定人群到现在的各种品类各种人群，小红书内容方向越来越多，越来越广。

2. 精细的内容生产方式

小红书内容生产来源主要是：UGC 和以明星、达人为代表的 PUGC。UGC 是指用户生成内容，即用户原创内容，也是小红书的主要内容来源，这部分在小红书的内容中占比最大，每天大量的用户在小红书平台发布笔记。而为了产出更高质量更多数量的用户笔记，小红书也采用了相应的激励用户的举措，搭建了极为周全的用户成长体系，从尿布薯到皇冠薯一共要经历 10 个等级，要实现升级，就要产出符合质量的笔记。

PUGC 即“专业用户生产内容”或“专家生产内容”互联网术语，指在新媒体行业中将 UGC+PGC 相结合的内容生产模式。小红书的 PUGC 用户主要分为 3 类：从其他内容生产平台邀请的达人 / 团队、小红书培养的达人用户、明星。小红书利用达人、明星影响力作为背书，带来了一大批粉丝用户。这三类 PUGC 内容的生产者为了吸引粉丝必须生产出高质量的内容。

3. 全面的用户留存促活策略

小红书为了保证用户的留存与促活制定了全面的内容推送策略，根据用户不同的生命周期，选择不同的推荐策略：在用户新手期间，小红书通过机器算法和优质热门内容推荐向用户推荐内容，培植新用户；在成长期，小红书根据所获得的用户数据，采用机器算法推荐、阅读延伸推荐、基于好友关系的推荐、基于距离的附近推荐、编辑推荐等方式增强用户黏性。小红书根据用户阅读习惯通过全面周全的内容推送策略实现用户留存促活。

① 新媒体运营. 媒介三六零［EB/OL］.［2020-4-13］. https://mp.weiixn.qq.com/s/4zlnh0qyKBrlxNeuUoq4RA.

（三）小红书的功能

“用户测评”是小红书的核心功能，其他功能都是围绕这个功能展开的。“用户测评”中测评内容都来自基础用户，内容丰富，包括美妆、护肤、穿搭、萌宠、周边等，且 UGC 内容会将广告、代购信息剔除干净，用户在分享测评内容时设置的标签将被系统后台生成数据，方便推荐给其他用户的同时也为平台提供了更加精准的用户数据。小红书功能如表 9-1 所示。

表 9-1　小红书功能

功能	简介
首页	主要功能是搜索和发现，目的是引导用户查找自己感兴趣的内容。附带有关注和设置这两个功能：关注即用户关注账号更新内容，而设置下面又设有我的关注、收藏、订单等栏目
商城	主功能是搜索、购物车和订单，这三者是满足用户购物需求的必要功能。辅助功能有活动栏目、编辑等，更多功能也在这个页面给予呈现
写笔记	笔记可分为照片、小视频和闪拍的形式。滤镜功能的加入迎合了女性群体的虚荣心
消息	用户可以在这个栏目查看客服、私信、获赞数、关注数以及笔记评论
我的	主要功能是个人资料、笔记专辑、设置，并带有分享功能，供用户向朋友圈分享自己的小红书账号

二、小红书营销

（一）基本原则

1. 灵活运用内容、社区、电商

内容、社区、电商是小红书的三大模块。内容由用户生产，社区包括笔记，以及围绕其内容衍生出的关注、点赞、评论等行为，电商则是小红书盈利功能的体现，包括产品展现、购买等功能，也实现了功能闭环。灵活运用三大模块，就是要实现内容、社区、电商的平滑连接，从而更好地提供服务，更容易引流导流。

2. 按照目标人群确定运营方向

目前来看，使用小红书的大多是一二线城市的年轻人，并以女性群体居多，她们注意保养，热爱享受，在定位方面主要集中在指引时尚、护肤、生活方式方面的内容。

3. 可延伸的内容运营策略

围绕话题，进行关键词裂变，选取对用户最有用、最有吸引力的内容，对其进行分析，将其解构成为多个可独立、可参与、可归纳、可整合的子话题，使其可以吸引更加具体的客户群。

4. 灵活的内容加工策略

加工内容首先要对内容进行分类，将其根据用户需求对品类进行划分，并通过垂直官方账号将优质内容收录进去；然后再对优质内容进行二次编辑，提升顾客阅读体验，之后可以对话题进行专题策划，为相关话题增加热度。

5. 真实的产品使用体验分享

小红书一直以高质量、真实的用户体验为核心，但小红书的笔记实际上都是对产品的功能、体验、品质的宣传，因此在笔记方面，要做到真实，才能保证用户信任。

6. 通过 UGC 的方式来留住用户

小红书里，用户分享的核心还是内容，当用户看到喜欢的、有用的内容就会选择分享到自己的主页或是其他社交平台，这样就可以直接为平台引流，而且由于是靠内容吸引到用户，用户对平台的认同感越强，流失率也就越低①。

（二）小红书营销方式

如表 9-2 所示，小红书营销方式分为明星、头部 KOL 泛推，腰部 KOL 精推，素人粗推和 CPC（Cost Per Click，效果广告）四种。

表 9-2　小红书营销方式②

方式名称	具体方式
明星、头部 KOL 泛推	通过明星效应快速引爆话题，给用户冲击性的感知，带来对产品 / 品牌的进一步理解
腰部 KOL 精推	通过细分领域专业内容深度种草，引导粉丝购买，更精准垂直，也能为品牌广告投放提供素材
素人粗推	通过素人推荐，提高用户对品牌的信任及热度感知，助力产品销售
CPC	CPC 是小红书的效果广告，通过信息流广告助推优质笔记，聚焦流量；通过搜索广告获取需求人群的持续流量，精准触达，提升销量

① 老王. 品牌杂货铺［EB/OL］.［2019-3-28］. https://mp.weixin.qq.com/s/UMioGk3-9CNuMHH1RhYdCA.
② 新媒体运营. 媒介三六零［EB/OL］.［2020-4-13］. https://mp.weiixn.qq.com/s/4zlnh0qyKBrlxNeuUoq4RA.

第二节　旅游目的地小红书平台营销

一、旅游目的地小红书平台营销

旅游目的地小红书平台营销是指旅游目的地机构组织通过小红书，利用网红效应进行旅游目的地相关分享、宣传工作，从而提升旅游目的地知名度，促进旅游目的地收益增长以及旅游目的地形象的提升，从而使得旅游目的地的综合实力逐渐增强。

二、小红书与旅游目的地营销的融合

不同的时代旅游目的地营销特点各不相同。在互联网时代，利用网络得到所需资源已经被人们所接受，在准备旅行的过程中，人们通过网络收集景区信息、交通信息等必要信息。在这种情况下，旅游目的地营销十分重要，通过新媒体技术的传播功能，在最短的时间内，以最小的成本，将营销信息精准送达用户终端。

小红书是具有强大传播能力及电商运营能力的社交媒体，旅游目的地在小红书平台的营销是通过与网红合作或冠名热度较高的产品的方式，增加旅游目的地的曝光，通过创新性的包装宣传如旅游笔记公开体验、及时发帖，从而打开广告渠道，吸引更多用户的注意力。

三、旅游目的地小红书营销策略

（一）锁定重点市场，深挖用户需求

开展旅游目的地营销了解游客需求是极其必要的。通过高科技抓取数据，借助行业专家的分析锁定客源市场，深入挖掘此类人群需求，据此制定内容运营方向，为内容生产、品牌营销奠定基础，也为培养忠诚客户、增强客户黏性打下基础。

（二）KOL 扩散，增加品牌曝光量

小红书是一个以用户生成内容为主的内容分享社区，KOL 有着大量的粉丝流量和关注度，影响力和话语权都极大，旅游目的地营销可以通过 KOL 强大的影响力

进行扩散，对旅游目的地进行宣传，甚至请旅游目的地籍贯的KOL做当地的形象大使，将其影响力和话语权转化为强大的旅游宣传，从而实现流量变现。

（三）笔记围攻，强化目的地宣传

高频出现的内容往往会影响消费者的决策，旅游目的地小红书营销的关键是增加旅游目的地在小红书的曝光率，为其营造“刷屏”现象。联合多位KOL，通过大数据、目标人群画像发起话题，邀请KOL发旅游笔记，并吸引更多KOL参与进来，同时鼓励KOL与粉丝互动，借助粉丝扩大话题影响力，再次形成UGC通过层层联动霸屏后将相关旅游产品链接植入到KOL笔记中进一步提高购买率。

第三节　旅游目的地小红书营销案例

2020年4月14日，小红书与湖州文旅签署战略合作协议，双方根据湖州特有的资源优势以及小红书集聚的大批KOL和粉丝，共同推出“Red City城市计划”，希望通过此计划宣传推广“在湖州看见美丽中国”这一品牌，提升这一城市品牌的知名度和影响力。①

一、背景

近几年湖州旅游业发展极快，各项旅游指标持续向好，乡村旅游、滨湖旅游是湖州旅游业的两大品牌。湖州是中国美丽乡村的发源地、全国生态文明先行示范区、“绿水青山就是金山银山”重要理念的诞生地，旅游资源极其丰富，全市现有4A级及以上旅游景区25个、省级及以上旅游度假区7家、乡村民宿2774家，孕育了“太湖、古镇、竹乡、名山、湿地、古生态”六大旅游品牌，是国家全域旅游先行示范区，也是中国最佳旅游目的地城市之一。

二、活动目的

湖州是“Red City城市计划”首个落户的网红城市。这次合作主要是为了创新文旅推广模式，推动湖州从原有的传统意义上的营销转向口碑营销。结合湖州实

① 湖州微宣．文旅湖州［EB/OL］.［2019-3-28］. https://mp.weixin.qq.com/s/bIR-r5o2-V9E8FO5EkXM2Q.

际具有的独特的资源优势，依托小红书极具黏性的用户及极具影响力和话语权的KOL，打造湖州的网红景点、网红民宿、网红线路，并通过发布大数据报告、旅游笔记等形式增强湖州影响力，让更多的游客了解认识湖州，吸引游客来湖州体验旅游产品。

三、活动内容

湖州市文化广电旅游局与小红书签订入驻战略合作协议：共同推出1个“湖州网红城市行动计划”；确定培育10场“最具网红特质文旅活动”；推出100个“湖州小红书网红打卡点”；培养1000名“湖州小红书网红旅游达人”；邀请10 000名“小红书网红达人采风湖州”。

现场还发布了《小红书湖州市旅游大数据分析报告》，推出以安吉余村（两山理念诞生地）、月亮酒店、裸心谷、南浔古镇、太湖龙之梦等为代表的首批20家小红书湖州网红打卡点。此外，湖州市还向小红书旅游博主代表颁发“我为湖州文化旅游当信使”聘书；发布了“一宿二泊在湖州”茶韵之旅、浪游南浔两条精品线路；以“在湖州看见美丽中国”为主题，按照春夏秋冬四个季节分别策划开展对应的活动，推出“一宿二泊在湖州”系列活动。

四、总结

此次湖州与小红书的合作，进一步创新了湖州文旅推广模式，推动湖州从传统营销转入新媒体营销、口碑营销，小红书发挥“三次元社区”特质，通过线上种草反哺线下的新模式，让更多的游客有更多渠道深入了解认识湖州。

第十章　旅游目的地今日头条营销

第一节　今日头条

一、今日头条简介

今日头条是北京字节跳动科技有限公司开发的一款基于数据挖掘的推荐引擎产品，为用户推荐信息、提供连接人与信息的服务的产品。今日头条是一种内容聚合平台，本身不产出内容，通过多维渠道聚合行业各类信息源、利用智能算法，根据用户偏好进行个性化推荐。经过发展，今日头条已经成功孵化出多款产品，在短视频矩阵中有抖音短视频、西瓜视频、抖音火山版、智能社交微头条、智能问答、悟空问答等，不断丰富自身内容体系和分发方式。

二、今日头条发展

2012 年 3 月至 2014 年 1 月是今日头条产品的探索期。2012 年 3 月，张一鸣创建今日头条，2012 年 8 月发布第一个版本。随后在这段时间内，今日头条不断完善自身功能、算法，致力于提高产品设计和用户体验，同时进行 BUG（漏洞）的修复。

2014 年至 2017 年 8 月，是今日头条发展期，头条大力布局短视频市场。2014 年推出头条号，降低了创作和传播的门槛。2016 年 1 月，今日头条创作空间上线并开放申请；2016 年 8 月，头条战略投资视觉资源提供商和图片技术服务商东方 IC；2016 年 9 月，抖音上线，头条投资 10 亿元用以补贴短视频创作，后又独立孵化 UGC 短视频平台火山小视频。2017 年 2 月，收购美国短视频应用 Flipagram；2017 年 4 月，微头条上线；2017 年 5 月，Tik Tok（抖音海外版）上线；2017 年 6 月，头条视频升级为西瓜视频。

2017年8月至今，是今日头条的成熟期。2017年6月，头条问答升级为悟空问答；2017年8月，今日头条表示会投入上亿美金推动抖音出海。随后开始一系列收购和合作寻找新的发展契机；2017年11月，收购北美音乐短视频社交平台，将与抖音合并，同时进入头条推出“千人百万粉”计划。2018年收购Faceu（激萌）。但同时，因为平台监管失位，网信办多次进行约谈并勒令进行整改。随后，今日头条成立专家团，邀请学者、媒体人、公职人员参与，监督平台内容与服务。

三、今日头条特点

1. 个性化的内容定制

今日头条一直在内容分发上走在行业前端，在2012年8月正式上线后，凭借机器学习、大数据挖掘、智能分发等技术优势，基于用户社交行为、阅读行为、地理位置、职业、年龄等进行社交行为分析，能够在5秒钟计算出用户兴趣，同时能够在10秒内更新用户模型，根据用户行为为其推荐符合个人阅读兴趣的内容。

2. 内容的搬运工，信息资源丰富

今日头条不生产内容，内容来源主要有爬虫技术抓取的内容，以及相关PGC和UGC。不仅通过相关的媒体、企业、网站、政府部门等内容生产机构合作获取海量信息，还通过搭建自身的自媒体平台——头条号，引进创作者来获取大量内容。

3. 社交属性

今日头条中用户可以订阅、评论和转发感兴趣的内容，同时可以查看关注人的动态。微头条可以使用户与用户之间建立联系，进行互动，具有一定的社交性。而悟空问答也增强了用户之间的交流。

4. 客户端内容的多元化

今日头条客户端针对用户推荐的内容不局限于新闻，还包括影视、音乐、游戏、娱乐等多方面咨询，题材广泛。同时还有内嵌于APP中的西瓜视频生产的短视频，以及各种影视剧作品。

四、今日头条营销

1. 广告营销

今日头条的广告模式主要有三种。第一种是开屏广告。用户打开APP时，以静态、动态或视频的形式展现的广告，显示几秒钟就会跳转到首页页面。第二种是信息流广告，穿插在用户所接收的信息流当中，根据用户地域、年龄、性别、兴趣等

因素主动推送给用户的广告。第三种是详情页广告，此类广告需要用户进入到内容阅读界面才能看到，大多位于整篇资讯内容文章结尾处，或者位于视频播放界面的下方，以卡片的形式展示。通过算法和智能分发向用户投放广告，同时开拓开屏、信息流、详情页三大点位，配合技术性运用以及内容式的展现技巧，以完美的形式包装最大限度地消除了用户对于广告的排斥感。

同时投放通过头条号外、粉丝必达、加油包三种流量投放工具加强广告转化，其中，头条号外为客户提供信息流广告位，并完成精准的投放；粉丝必达加强品牌商与粉丝的触达率；加油包则是在今日头条投放保底流量的基础上增加的推荐量。

2. 巨量引擎带动内容矩阵

目前，在今日头条孵化出了10多个独立产品，如头条号、微头条、悟空问题、西瓜、火山、抖音等，打造全品类产品矩阵。头条号拓展了今日头条的内容资源，增加了平台的优质内容资源。原生化的广告降低了用户的排斥感，为今日头条的营销提供了支撑。同时，短视频+智能社交+问答社区为头条的系列内容提供了支撑。而巨量引擎则打通了内容矩阵，通过巨量创意激发广告制作，星图平台为品牌商匹配达人，云图进行大数据管理、定向投放，飞鱼进行客户关系管理等，为营销提供支持。今日头条与抖音、西瓜视频等进行联动，为客户进行全方位的营销。

3. 话题带动内容营销

今日头条通过星图或者定向邀约达人和明星、话题征文以及抽奖等方式激发内容生产，通过头条的文章、视频、微头条、小视频、问答、直播等引爆话题，在其自身的智能分发基础上触达用户，激励用户参与和讨论，最大程度上曝光话题来达到营销目的。头条通过话题+达人测评+中文助力荣耀华为P40 Pro上市，同时也通过定制话题“大咖谈魅族16s”，邀请100位达人参与，其话题阅读量达到1.3亿、讨论量1.7万[①]。同时，今日头条通过青云计划、创作者支持计划等不断支持用户创作。

---

① 巨量引擎营销观察．优质内容当道今日头条驱动内容营销新势能［EB/OL］．［2019-06-12］．https://mp.weixin.qq.com/s/ytl_emnpBBSDqKFWwzmDqQ.

第二节 旅游目的地今日头条营销

一、旅游目的地今日头条营销

通过在今日头条检索可以发现，旅游达人、旅游资讯号、旅游企业（酒店、景区、旅行社等）、旅游景区、旅游目的地政府官方账号等均开通了头条号。同时还有微头条、小视频、视频、资讯、图片、直播等内容。其中，小视频大多来自抖音平台。所以，简单来说，旅游目的地今日头条营销就是旅游目的地以今日头条内容平台为载体，通过今日头条用户将旅游目的地相关信息以文章、视频、直播、发布头条等方式传播给旅游者，直接或间接地达到营销目的。

二、旅游目的地今日头条营销优势

易被用户接受。今日头条的广告投放模式，是一种软性的植入，广告痕迹小，易被用户接受，广告投放方式多样。开屏广告放在首页，覆盖面广；短时间的图片或视频容易引起用户的注意，且不会被用户厌烦。信息流广告和详情页广告，覆盖面较小，但是投放的精准度会增高。

精准营销。今日头条深耕数据洞察领域多年，基于数据多维定向用户人群，能够提高流量获取效能。同时以算法为核心的智能分发模式使得今日头条能够保证流量获取率，从而可以实现精准营销。

内容生态助力营销。今日头条本身作为内容分发平台可以进行精准营销。今日头条的内容平台数据量庞大，通过打通与短视频内容矩阵、社交和问答社区，可以扩大影响力，增强与用户之间的交流和互动，同时真实的场景也刺激用户。

三、今日头条旅游目的地营销案例

1. 了不起的城市，千人千面中国行

今日头条一直致力于内容营销体系，而其凭借数据量庞大的内容平台和算法技术，打通内容平台，利用技术赋能旅游目的地内容营销。2017 年，今日头条开启了“了不起的城市，千人千面中国行”项目。在天津、重庆、长春、济南、青岛、石家庄、郑州、南京、杭州、绍兴、贵阳、昆明、广州等多地启动，辐射了中国大半的城市。

精准定位，优质内容展示城市形象。通过大数据找到城市的关键词，通过短视频、图片、文字等来宣传关键词，建立城市的形象。符合城市形象的才是优质的内容，而优质的内容是吸引用户的最重要的因素。在天津，根据大数据挖掘全国用户和天津用户对天津的关注点。天津用户为年轻人居多，大家更加关注房价和滨海新区等问题、关注历史名人霍元甲、关注古文化街以及美食“煎饼果子”；而全国最关心历史名人孙中山、天后宫以及美食“狗不理”，同时天津用户和全国用户都关注天津曲艺节目相声。同时在洛阳其城市印象热词有牡丹、武则天、考古、洛阳铲、杜甫等，2018 年 2 月到 2019 年 2 月，今日头条关于洛阳的文章有 29 万，总阅读数达到 39 亿次，通过大数据挖掘、生产个性化内容，展示城市形象。

KOL 助力内容营销。“了不起的城市 · 天津”中，邀请达人和 KOL 以及自媒体创作者生产了 1626 篇优质内容，文章阅读量达 1000 多万，同时还邀请著名作家冯骥才撰写了《天津小洋楼的价值》，引发关注并广受好评。今日头条本身具有丰富的内容，目前今日头条已经包含了 100 多个领域，10 万多个垂类的优质创作者，且其内容平台不乏 KOL 和名人明星以及优秀的创作者，他们自带粉丝，可以快速引发话题发酵，刺激一般用户的讨论和创作，扩大影响力，增强参与性。

打通各方，进行整合营销。头条联合目的地政府、目的地 KOL、头条号自己的城市用户，通过文章、图片、直播、问答等形式进行整合营销，为政府搭建政务头条号。在 2017 年 4 月，绍兴已经有超过 4 万家各级党政机关开通了政务头条号，天津有超过 300 家政务机构开通政务头条号，且头条在天津激活用户超过 600 万，日活跃用户超过 120 万。同时绍兴还通过联动全市宣传系统、文化旅游系统以及今日头条用户生产内容，展现绍兴特色。今日头条的技术是贯穿始终的基础项。而今日头条内容平台则提供了大量的流量入口以及参与度。抖音聚焦在一二线城市，而抖音火山版则聚焦在三四线城市，用户覆盖范围广，通过整合平台的资源，达到最大的宣传效果。①，②，③

---

① 巨量引擎营销观察.今日头条与天津网信办战略合作启动“了不起的城市天津”[EB/OL].[2017-05-09]. https://mp.weixin.qq.com/s/p24eji8MDwAY5dFaemvjjg.

② 巨量引擎营销观察.今日头条“了不起的城市”首站落地绍兴千城千面解读城市风貌[EB/OL].[2017-04-19]. https://mp.weixin.qq.com/s/d37Li8DukaiefXcOg1OCIA.

③ 巨量引擎营销观察.“了不起的城市”覆盖了大半个中国，与你一起挖掘城市活力[EB/OL].[2017-08-22]. https://mp.weixin.qq.com/s/ZZpBbUFliEuTevtdEDFKug.

2. 聚势·智行——2018 今日头条营销中国行[①]

2018 年“聚势·智行——2018 今日头条营销中国行”，利用大数据和算法构建起智能营销体系，将文化作为连接纽带，通过打通抖音、西瓜等产品矩阵，以“流量 + 内容 + 数据”的整合营销模式，助力在成都、杭州、福州、武汉、广州、北京等多个城市打造自身的城市名片。

洞察，精准定位。今日头条个性化推荐算法不断优化，在海量的数据中，从人、环境、内容三方面进行匹配后进行推荐。城市具有不同的地理位置、社会环境以及地方文化，但在信息爆炸时代，海量的和碎片化的信息分散了用户的注意力。今日头条智能化的数据优势，以文化为纽带，助力打造特色城市形象。

产品矩阵联动，助力整体营销。抖音挑战赛带动大众参与，同时传达城市形象。在抖音上通过“技高话不多”主体挑战，传播成都小郎酒，在一天内吸引了 3 万多用户参与短视频创作；信息流开屏广告 + 抖音达人，吸引用户参与的同时扩大影响力。在济南站，信息流开屏该广告获得了 1039 万多的曝光量，38 万多的点击量，抖音大 V 的短视频仅仅置顶 5 小时便获得了 3 万多的点赞量和 46.1 万的播放量；在青岛站，今日头条、抖音短视频、西瓜视频、头条指数等多个产品联动，发布“遇见青岛”专题，通过图片和短视频等方式展现真实的青岛，最终专题总展示量高达 3896 万多；微话题阅读量超 368 万，单日最高点击率达 12.37%。

3.《国家宝藏》——头条 +IP

2020 年 3 月，《国家宝藏》的 IP（Intellectual Property，知识产权）官方运营机构北京喜堂文化有限公司与今日头条的历史频道和文化频道合作，推广《国家宝藏》文物周边。目前，今日头条有不少名人 @ 易中天、L@ 蒋方舟等都在头条平台开设了账号，同时还有 @ 我们爱历史、@ 看鉴等知名自媒体。头条通过发布话题“你好历史”，同时联合达人参与带动打造品牌内容和话题发酵，上线以后该话题有 610 多万的阅读量以及上千条评论。发布文创设计大赛，利用微头条进行讨论和探索现代与传统结合的可能性，用户互动达 1207 条。通过 PGC 和 UGC 内容展示传播，通过话题讨论和设计大赛激发用户参与度，极大地增强了《国家宝藏》的品牌认知。

① 每天学点营销知识 . 今日头条营销中国行经典案例，带你发现区域营销之美！［EB/OL］.［2018-08-19］. https://www.sohu.com/a/248756984_158817.

第十一章　旅游目的地哔哩哔哩（B 站）视频营销

第一节　哔哩哔哩概述

一、哔哩哔哩简介

哔哩哔哩（英文名称：bilibili，简称 B 站）现为中国年轻世代高度聚集的文化社区和视频平台，该网站于 2009 年 6 月 26 日创建，被粉丝们亲切地称为“B 站”。2018 年 3 月 28 日，哔哩哔哩在美国纳斯达克上市。哔哩哔哩 logo 如图 11–1 所示。

图 11–1　哔哩哔哩 logo

B 站早期是一个 ACG（Animation，Comic，Game，动画、漫画、游戏）内容创作与分享的视频网站，经过十年多的发展，围绕用户、创作者和内容，构建了一个源源不断产生优质内容的生态系统。B 站已经成为涵盖 7000 多个兴趣圈层的多元文化社区，曾获得 QuestMobile 研究院评选的“Z 世代偏爱 APP”和“Z 世代偏爱泛娱乐 APP”两项榜单第一名并入选“BrandZ 2019 最具价值中国品牌 100 强”。哔哩哔哩上的视频来自用户的创作或搬运。不同于其他视频网站存在大量重复、低质量的视频内容，哔哩哔哩的搬运工是一群热爱动画的核心用户，他们能保证动画的内容质量和画面质量，能提供最及时、最清晰的动画视频内容。一部新番在日本播放完约 1 小时后，该视频的高清版就会被搬运到哔哩哔哩上。所以，哔哩哔哩聚集了大量的动画爱好者，形成了自己的口碑和影响力。

目前哔哩哔哩开设有动画、音乐、舞蹈、知识、生活、时尚、娱乐、放映厅、番剧、国创、游戏、科技、鬼畜、资讯、影视及其他 16 大板块，如图 11-2 所示。其他板块有动画圈、美食圈、Vlog 等。动画区：最多姿多彩的板块，内容以各种手书、MAD（动画音乐视频）、AMV（动画音乐视频）等为主。番剧区：以最快最新的动画、清晰的画质、流畅的缓冲速度吸引很多人常驻。音乐区：以 V 家与翻唱为主打，但也有不少优秀的原创作者和弹奏者常驻。舞蹈区：集中了来自日本和国内常见的大量优秀作品，以及很多优秀的新人舞蹈。游戏区：以游戏视频攻略及解说、Mugen 等为主。科技区：领略各界前沿科技以及不同层面的纵向科普，技术宅的聚集地。娱乐区：以各类优秀、欢乐、有趣的娱乐性视频为主打。鬼畜区：二、三次元的鬼畜视频，填不上的脑洞，防不住的高能。电影区：各类电影的汇聚地，国外新片第一时间看到。电视剧区：以日剧、美剧以及其他各类剧集为主，更新及时，画质清晰。每个分板块都有索引方便查找，并各自有“本周强烈推荐”和各个专区最热视频。

图 11-2　2020 年哔哩哔哩首页版面截图

二、哔哩哔哩业务分析

1. 核心业务

B 站的 UGC 生态拥有科技、生活、游戏、学习等 16 个分区，7000 余个圈层，也是这些丰富内容促使 B 站圈层发生裂变。内容和内容背后的 UP 主无疑成为 B 站的核心资产，UP 主更是社区的中心，决定着 B 站内容板块的每一次拓新。为了维持社区生态的稳定，B 站推出悬赏、硬币、充电等机制给 UP 主更多实质性的奖励，同时也让粉丝们能够更好地反哺 UP 主。这种双向的奖励很好地满足了 UP 主和粉丝之间相互的满足感，也刺激着 UP 主自发地持续生产优质的内容。再通过个性化推荐，将高质量的用户需要的内容第一时间让用户看到，一方面可以让用户快速获得好的内容；另一方面让知名度不高的 UP 主也有生存的空间。同时许多普通用户会被优质作品激发灵感，也开始成为 UP 主开始创作。

在拉新方面，B 站依然保留着成为正式会员的 100 道题，不过难度有所降低。这个考试将很多想要进入 B 站的人拒之门外，因为 B 站认为更融洽的社区氛围以及用户的归属感才是自己真正的核心竞争力所在，所以在题目的设置上更加注重道德、规范。

说到 B 站就不得不提到弹幕文化，弹幕是全网素质最高的也是数量最多的。用户通过弹幕与其他用户跨时空互动，利于消除孤独感，也是 UP 主和粉丝交流的最好方式。无论是扶持计划、个性化推荐还是弹幕文化，对于提高用户黏性、营造良好健康的社区生态都起到了推动作用。

对于版权视频，B 站选择在符合社区属性的动漫上形成自己的核心竞争力，并在二次元市场占主导地位。在视频行业，B 站固然是竞争力极强的，专业业余通吃，社交属性更强，而相比短视频平台覆盖更广。

2. 商业化

从收入结构来看，B 站逐渐从单一倚重的游戏收入转向多元营收，直播、广告、电商的比重不断上升。在 2019 年第四季度，非游戏业务收入占总营收的 57%，其中直播占比最多，成为 B 站的第二收入源。

作为视频平台，会员和广告则是 B 站更容易拓展的业务。但因为不加贴片广告的承诺，B 站的广告只能以图文形式在推荐位添加，大大降低广告点击率，这让 B 站很难获得大量广告收入。B 站的会员可以优先看番剧、领游戏礼包等。但是相比之下，会员并未获得更多显著的权益。

B 站的电商业务“会员购”以 B 站自身庞大的平台流量为基础，通过提供二次元相关产品的购买服务，来提供 B 站营收，但也并不顺利，产品的种类决定了它的受众面相对较小，获利能力有限，无法成为 B 站的盈利支柱。

不过随着 B 站用户量增加，收入也有了新的机会，品牌商入驻营销，和 UP 主共创内容、视频种草或者广告植入。但 B 站的用户是一群内容质量要求非常高的年轻人，如果 UP 主营销风格不能迎合粉丝会引起用户对 UP 主甚至平台的反感，所以 UP 主还是要更根据自己内容属性来种草，不同类型的用户对广告的接受度也不同。①

第二节　旅游目的地哔哩哔哩视频营销

一、旅游目的地哔哩哔哩视频营销

旅游目的地通过哔哩哔哩视频营销的基本形式主要有旅游目的地官方发布、旅游达人发布以及素人发布这三种形式。旅游目的地官方账号部分截图见图 11-3。

图 11-3　旅游目的地官方账号部分截图

哔哩哔哩视频营销对于两类受众的影响更大。一类是热衷旅游，善于发现各类旅游吸引地，如自助游爱好者、背包游爱好者等。另一类是该视频的发布者，即旅游达人拥有较高的粉丝黏性，其粉丝在该视频的刺激下产生旅游的动机和欲望。在整个哔哩哔哩视频营销的过程中，旅游目的地官方和旅游达人发布的视频主要是介绍目的地风土人情，进行目的地形象的宣传。素人发布视频的主要目的并不是以产生旅游刺激为主，而是以内容传播、情感沟通为主，可能带有刺激旅游需求的作用。《这里是贵州》视频截图片段见图 11-4。

① 哔哩哔哩，年轻人的“百科全书”[EB/OL].[2020-04-16]. http://www.woshipm.com/evaluating/3713768.html.

图 11–4 《这里是贵州》视频截图片段

二、旅游目的地哔哩哔哩视频营销的优势和局限性

1. 优势

哔哩哔哩视频营销具有其不可比拟的优势，主要包括：

用户可以随时发弹幕及时吐槽，和传统的观看视频形式不一样。这样“共存”的方式可以消除所有网民的孤独感，随时随地交流、沟通、信息共享。B 站在互动环境上做的优化也可圈可点。第一，B 站在国内弹幕视频形式还未兴起的时候就抢先一步推出了弹幕系统。有时，弹幕与弹幕之间的互动往往能引起用户之间的情感共鸣，因此也在无形之中提高了视频的趣味性，扩展了视频本身的内容，使得视频具备了更多的卖点，并最终为平台创造价值。第二，B 站还在弹幕上继续优化。用户选择 B 站的一个重要原因就是弹幕，因此 B 站在弹幕的开发与维护上投入了更大的成本，比如简化弹幕发放流程、支持举报不良弹幕等新功能。

B 站有着极其出色的视频投稿系统，B 站支持并鼓励用户自制视频并发布到站内。这对于旅游达人和素人来说，是较好的信息发布平台。而且 B 站的主要用户群体恰好是 90 后及 00 后青年，这部分群体渴望外界对自身价值的肯定，因此，有很多的青少年用户利用 B 站的投稿系统来展现个人才能，使自身情感得到满足[①]。高质量视频的作者在得到了观众的认可之后，往往会成为兼职视频作者，有些甚至可以在粉丝的支持下成为职业旅游达人，发布更高质量的旅游视频，这是一个良性循环。

2. 局限性

哔哩哔哩视频营销也存在一定的局限性。其主要局限性包括：

弹幕的质量无法控制，可能会对目的地形象造成一定程度的影响。哔哩哔哩弹幕文化接受的用户多为青少年，发送的弹幕也更加主观和情绪化。如果全屏都是不好的、恶劣的内容，对一些无法很好地鉴别信息或心智稚嫩的用户而言，容易造成不良影响。

受众范围局限于哔哩哔哩用户，涵盖面有一定的局限性。虽然哔哩哔哩用户总体上在不断增长，但是相较于爱奇艺、腾讯这种大的视频网站，其范围还是有限的，而且集中在一定程度的细分市场。

营销效果很难得到有效的估计。哔哩哔哩整体的创作平台设置以及创作氛围较为小众，旅游营销的效果很难得到准确的估计和评价。

三、旅游目的地哔哩哔哩视频营销的契机

1. 日系文化与旅游巧妙结合

第一，B 站拥有大量的日本文化爱好者。B 站是国内目前最具代表性的 ACG 内容视频网站之一，会聚了国内大量的 ACG 文化爱好者。B 站具有大量的版权日本动漫及相关的 UGC 内容。B 站依托动漫和二次元文化起家，在 2013 年受到版权纷争影响后，大力建设动漫栏目，购买扩充了大量正版版权的日本动漫，随后在日本设立分公司处理动漫版权方面的业务。即从一开始 B 站就着力于在用户认知中打造国内最大日本动漫聚集地这一形象。

第二，B 站在整体形象设计和文化符号使用上都有日系文化的影子。如“拜年祭”“鬼畜”等活动和名称的使用、站娘的形象设计等。B 站其他分区也包含大量有关日本动漫、舞蹈、影视作品及其衍生的 UGC 内容。综上所述，B 站的日系文化元素同日本线路旅游具有天然的结合点，用户对于将要旅游的线路有较为丰富的经

① 邱奕飞．浅谈情感营销在哔哩哔哩弹幕网站中的应用［J］．现代商业，2019（15）：14-15.

验认知，也会对相关视频更感兴趣。[①]

2. 视频社交的流行是B站旅游项目开展的助力

强调社交属性的手机视频改变用户生活习惯的同时加速了用户共同经验感知的建设。较之于传统视频业务，移动手机视频在两方面重点强调了其社交属性：一方面，即时性、无空间限制性的观看模式为提高用户与平台本身的互动性奠定了基础；另一方面，基于移动设备本身的特性，随时分享、发表观点等演变成为用户生活中的重要社交手段。在其影响下，"线上""线下"的边界模糊化，人们的社交方式成为"线上""线下"交织的综合体。

3. 年轻化的用户结构是B站旅游项目开展的基础

B站的用户普遍年轻化，活跃程度高。同时通过会员制度以及文化筛选，用户的忠诚度也较高。针对这部分群体，展开特定的内容推送，获得用户的反馈数据，来了解其旅游需求偏好，从而进行更精确的服务推广，进行旅游视频的宣传。

第三节　旅游目的地B站营销案例

一、《国家宝藏》节目背景

《国家宝藏》是中央电视台在2017年第四季度重磅推出的一档大型文博探索节目。央视与故宫博物院、上海博物馆、南京博物院、湖南省博物馆、河南博物院、陕西历史博物馆、湖北省博物馆、浙江省博物馆、辽宁省博物馆九大国家级重点博物馆合作，立足于中华文化宝库资源，通过对一件件文物的梳理与总结，来演绎文物背后的故事与历史。

博物馆是保护和传承人类文明的重要殿堂，是连接过去、现在、未来的桥梁。每一件文物，都是一个记载民族血脉的基因密码；每一座博物馆，都是一座守护中华文明的基因宝库。每一种文明都延续着一个国家和民族的精神血脉，既需要薪火相传、代代守护，更需要与时俱进、勇于创新。

《国家宝藏》从博物馆"文物"入手破题文化综艺，用镜头语言带领观众走进博物馆，力图对每一件文物的前世今生进行梳理与总结，与观众在一眼万年中，感

① 李洋，宋永琴.手机视频平台旅游产业特色及发展契机：以bilibiliyoo为例［J］.科技传播，2016，8(07)：63-88.

悟传统文化的深厚与自豪。

节目立足于中华文化宝库资源，通过对一件件文物的梳理与总结，演绎文物背后的故事与历史，让更多的观众走进博物馆，在懂得如何欣赏文物之美的同时，也了解文物所承载的文明和中华文化延续的精神内核，唤起大众对文物保护、文明守护的重视。通过邀请有影响力的公众人物作为“国宝守护人”讲述文物背后的故事，通过电视化语言的呈现让文物“活”起来，让文物不仅是一件博物馆中的陈列品，而且能够让观众感受到“生命”的文化传奇 。

二、《国家宝藏》的成功

《国家宝藏》自开播就搭载哔哩哔哩快车，借助其平台优势——年轻受众、粉丝流量、互动弹幕的优势，优化资源配置，放大传播效果，迅速走红网络。究其原因如下：

1. 对接年轻受众

《国家宝藏》的定位是一档年轻的节目。其总制片人、总导演于蕾介绍说“我们把纪录片和综艺两种创作手法融合应用，属于全新创制的纪录式综艺，它以文化的内核、综艺的外壳、纪录的气质，创造一种全新的表达”。《国家宝藏》摆脱了传统严肃解说类纪录片的桎梏，用年轻化、综艺化的手段，让传统文化“活”了起来。

恰好，B 站正是 90 后和 00 后的娱乐社交的“主阵地”。传统文化会在 B 站如此流行，本质原因在于 B 站的用户结构。B 站的用户群是中国互联网最年轻的用户群体，90% 是 20 岁以下、以 90 后和 00 后为主的用户群体。这类群体有自己的兴趣及爱好，真正能够去发掘中国优秀的传统文化，且自发传播，是弘扬传统文化的群众基础。《国家宝藏》的创作团队对节目受众主体的精准定位以及与 B 站用户的完美对接让古老的文化年轻了起来。以时代为背景，以技术为手段，量身打造年轻节目，主动向受众靠拢，符合年轻受众的需求，从心理上拉近了与受众的距离，是《国家宝藏》在 B 站迅速走红的原因之一。

2. 契合粉丝角色

粉丝是明星的崇拜者、狂热者。粉丝是主动的参与者，一方面是主动寻求信息；另一方面积极传播信息。他们主动接收与自己爱好相同或相近的信息，再通过微博、微信、贴吧等渠道向外传播。粉丝的强目的性和主动性的特征以及对偶像的偏爱，促使其成为主动的消费者，具有很强的带货能力，这是商业品牌商和媒介平台竞相争取的原因。不仅如此，粉丝还是忠诚度较高的传播者，出于对偶像的喜爱，主动在新媒体平台发布点赞转评，发起正面话题，发表积极言论，传播偶像正能量形象，宣传偶像作品。《国家宝藏》借势粉丝和粉丝流量获得较高的关注度和影响力。

《国家宝藏》力邀明星加盟，演绎国宝的“前世今生”，这一创意恰好将B站的用户与明星的粉丝对接，粉丝流量与B站用户本身的流量叠加起来，《国家宝藏》播放量持续走高，节目宣传效果与宣传力度不断被粉丝和用户流量放大。

3. 提高受众互动

目前，当数B站弹幕视频发展最为成熟。用户以B站视频屏幕为创作平台，对《国家宝藏》脚本设计、舞台效果、明星演技、文物内容等多角度发表自己的评论和看法。同时弹幕使用者之间也可以相互评论他人看法，教学相长。不仅满足了用户自己参与互动的需求，还增加受众的群体认同感，也增强了文化交流和学习。这种认同感与参与感提高了受众的主动性，调动了受众的积极性，促使受众运用新媒体平台制造热门议题，进一步推动了《国家宝藏》的传播效果。

三、《国家宝藏》的影响

1. 博物馆旅游热潮兴起

节目播出后，仅在携程网上，目前国内博物馆旅游线路已达到近千条，包含跟团游、自由行、当地玩乐、私家团等多种玩法，在目的地上覆盖了北京、陕西、湖南、江苏、浙江、山东等各地区。故宫博物院、南京博物院、陕西历史博物馆等国内著名的博物馆，以及各地特色博物馆都越来越多地被安排进跟团游行程中。

而根据12月《国家宝藏》开播以后对于博物馆游的搜索情况来看，北京、西安和南京三地的博物馆旅游线路最为热门，这三个地区凭借历史和人文方面的显著优势格外受到游客青睐。携程统计出的国内十大热门博物馆景点中，故宫、秦始皇兵马俑博物馆、陕西历史博物馆、南京博物院和首都博物馆排名前五。排名六至十位的则分别是：西安碑林博物馆、三星堆博物馆、苏州博物馆、成都大熊猫生态博物馆和青岛啤酒博物馆。

2. 个性化旅游产品出现

随着博物馆旅游登上热搜榜，一些更为个性化的旅游线路也随之成为热门产品。一款博物馆主题旅游产品便打出了“体验我在长安修文物”的招牌，游客不仅可以在优秀讲解员的带领下参观陕西五大博物馆，还可以在专家指导下亲手体验文物修复，互动性的增加使该类产品预订火爆。另一些线路则特别选用专家型金牌导游带团，让游客一路上可以通过导游讲解深入学习历史文化知识，增强体验。

从预订博物馆主题旅游的人群分布来看，携程数据显示，博物馆线路特别受到两部分人群喜爱，一是亲子游人群和学生群体，寒假显然引发了亲子博物馆主题旅游的热度；二是银发族。不过，预订情况显示，情侣人群也占到总体预订人群10%左右。显然，博物馆约会已不再是小众选择。①

四、《国家宝藏》带来的启示

1. 文旅融合是大势所趋

对于旅游目的地来说，文化符号的打造是至关重要的，比如文物和景区的结合、热点IP和景区的结合。学会利用新媒体、新IP、新热点，对景区传播是一个很好的机会。就像热门IP《国家宝藏》，可以为景区带去流量提升。②

博物馆是凝聚了人类历史和文化的场所，是一座城市乃至一个国家的文化符号，承载了丰富的文化内涵。与纯粹的城市观光相比，博物馆更能满足游客的好奇心和求知欲，让游客加深对一座城市甚至是一个国家的感性认识。

2. 内容为王，渠道加持

文化也是可以玩的。《国家宝藏》将历史文物与年轻的明星、粉丝群体联系起来，将历史与综艺结合起来，做出了自己的创新，最终取得了令人眼前一亮的成绩。内容和渠道都不容忽视。一个好的节目，要想获得受众青睐，不仅要有高质量、高水准、有深度的内容支撑，还要有高度契合、优势突出的平台助推。

---

① 《国家宝藏》引发博物馆旅游搜索量激增50%［EB/OL］.［2017-12-21］. http://www.gucn.com/Info_ArticleList_Show.asp?Id=93401.

② 文化旅游的消费升级战略，热门IP《国家宝藏》来助力［EB/OL］.［2018-12-25］. https://www.sohu.com/a/284427613_100170150.

第十二章　旅游目的地 Vlog 营销

第一节　Vlog 概述

一、Vlog 概念及发展现状

Vlog 即视频博客、视频日志，全称为 video blog，指通过拍摄视频记录创作者日常生活并与用户分享的博客形式。一般而言，Vlog 是由创作者（即 Vlogger）以第一人称的视角进行记录，再经过适当剪辑、配乐和字幕，形成具有个人特色的视频日记。区别于传统的文字与图片相融合的博客，Vlog 是一种更具视觉形象、更真实、直观和翔实的视频博客。Vlog 的内容涵盖 Vlogger 日常生活的方方面面，如学校生活、日常工作、居家生活、美妆、穿搭等一系列活动。除了碎片化地记录生活细节外，在 Vlog 的逐渐演化中，不同的生活领域也形成了一些"主题性 Vlog"，诸如旅行记录、美食大赏、时尚美妆、爱宠生活以及参加漫展、音乐节、演唱会等体验性生活事件的记录等。

Vlog 最初源于国外视频网站 YouTube，2012 年美妆博主詹姆的一条 Q&A（Question and Answer，问答）问答视频的发布使得 Vlog 这一博客形式进入人们的视野。而让 Vlog 拥有辨识度、专业性和技巧性的是曾经坚持日更视频 600 多天的"Vlog 之父"凯西·奈斯塔特（Casey Neistat），其视频播放量已达十几亿次，粉丝数也已过千万。

作为舶来品，Vlog 于 2015 年在中国出现，最初是国内的海外留学生在凯西的影响下制作发布的留学生活视频。而国内的 Vlogger 基本在 2016 年开始创作，形成了一部分优秀的头部 Vlogger 圈子，2018 年则是 Vlog 从小众圈子走向大众视野大爆发的元年。除了优秀头部 Vlogger 的带动外，欧阳娜娜、王源、李易峰等众多娱乐明星的加码为 Vlog 出圈、走向大众化带来契机。与此同时，视频拍摄设备越来越优化，后期剪辑 APP 也越来越简单化，技术难度的降低促使“万物皆可 Vlog”逐渐成为新潮流。Vlog 如图 12-1 所示。

图 12-1　Vlog①

在中国，Vlog 的应用范围不断扩展，除了记录生活完成 Vlogger 的社交目的外，Vlog 也开始在商业领域大展手脚。更多拥有海量粉丝的头部 Vlogger 开始对相关产品如旅游目的地、化妆品、美食、服装等进行营销，大量的社交、影视平台和视频美化剪辑平台也开始通过发布 Vlog 活动吸引并培养优秀的 Vlogger，如新浪微博发起“Vlog 博主召集令”，完成任务可获得微博认证 Vlogger；哔哩哔哩发起“30 天 Vlog 挑战”，Vlog 日更新数上千条，单条点击量超百万次；腾讯发布 Yoo 视频，推广“Vlog + Vstory”两种不同的内容形态；今日头条与欧阳娜娜联合制订首个“明星 Vlog 计划”，扩大 Vlog 影响力；抖音也在尝试将短视频时长由 15 秒延长至 5 分钟，通过“Vlog 十亿流量扶持计划”激励 Vlogger 创作的积极性；除此以外，一系列以 Vlog 为核心的视频剪辑 APP 的兴起使拍摄和剪辑 Vlog 的难度大大降低，小影、VUE Vlog、一闪、秒拍、猫饼等 APP 如图 12-2 所示，逐渐形成“视频剪辑工具 +Vlog 专属社区”的应用模式，以吸引更多热爱者加入。

图 12-2　从左到右依次为：一闪、猫饼、小影、VUE、秒拍②

① 抖音为 Vlog 开测 5 分钟长视频？解读 Vlog 的前世今生［EB/OL］.［2019-01-02］. http://www.woshipm.com/it/1799453. html.

② 抖音为 Vlog 开测 5 分钟长视频？解读 Vlog 的前世今生［EB/OL］.［2019-01-02］. http://www.woshipm.com/it/1799453. html.

除了商业应用外，传统媒体也开始将 Vlog 应用于新闻报道实践中。中央国际电视台《CGTN 博鳌行 Vlog》以记者视角带领观众了解博鳌论坛会场内外的基本情况；在 2019 年全国两会期间，中央主流媒体和地方媒体也采用 Vlog 这一新形态，从不同视角记录两会现场，让观众获得更多政务信息的同时，也丰富了新闻传播形态；央视新闻主持人康辉所发布的 Vlog 则记录了作为主持人 / 记者的日常工作，为主流媒体拉近与大众的距离提供了有益尝试。

Vlog 对于创作者生活的记录在满足了大众窥视欲的同时，也引发了人们对另一种生活方式的向往。并且，Vlog 的拍摄方式所带来的强交流性，也让用户感觉可以无限接近创作者生活，产生更加强烈的情绪共鸣，从而促进更深层的互动，形成很强的用户黏性。如今，Vlog 已经成为年轻人记录分享生活的重要方式。

二、Vlog 与短视频

从本质上看，Vlog 也属于短视频的范畴，是短视频的一种表现形式。与其他短视频相比，Vlog 具有如下三个特征：

1. 时长延展化

从时长来看，相比于微信短视频的“10 秒”、抖音以及快手短视频的“15 秒”“57 秒 /60 秒”，Vlog 的时长更长，一般能达到 3~10 分钟甚至更长。短视频的时长限制要求创作者以简短高效、新颖猎奇的内容来博人眼球，因此不可避免地会对其内容完整性造成一定程度的制约，进而导致很多主题无法进一步深刻化、内涵化，而 Vlog 打破了以秒为单位的计时标准，创作者可以根据不同主题的需求匹配时长，依托创作者的个人魅力，缓慢地将观众带入内容主题，有条不紊地简述故事或有理有据地表达观点，既提高了 Vlog 的信息密度，又提升了内容的表现力和完整性。

2. 内容互动化、真实化

YouTube 将 Vlog 定义为：“A video-blog. A casual，conversational video format or genre featuring a person talking directly to camera”，即一个人面对镜头随意地进行日常化的交谈。交谈，是 Vlog 相比于其他短视频最突出的特征，除了在画面中呈现创作者的生活方式外，通过交谈，创作者也可以将自己的生活态度表达出来，从而呈现出一部有灵魂的个人生活纪实片。

Vlog 不仅能够提供视觉上的体验，还可以传达创作者的意识情感，实现创作者的自我表达，而且虚拟交谈也为创作者与观众互动创造机会。以第一人称的视角创作的 Vlog，通过完整的叙事逻辑、平缓的节奏把控将创作者的生活真实地呈现在观众面前，主题的筛选、叙事方式的选择都具有强烈的个人色彩，有趣的日常生活和经验很具有吸引力，所表达的对待生活的独特观点也使 Vlog 更具内涵、个人特征更鲜明。因此相比于其他短视频，Vlog 更具互动性、分享性和对话性，社交属性相对更强，容易形成强黏性的粉丝社群。

3. 呈现专业化

相比人人皆可拍的短视频，Vlog 则有更高的技术门槛。对与对视频质量有更高要求的 Vlogger 来说，专业化的相机、三脚架、收音麦克风是设备标配，无人机有时也被用来从俯瞰视角进行拍摄，同时，视频后期编辑处理也成为 Vlogger 必备技能。在这些设备和技术的加持下，Vlog 在清晰度、流畅感、画面效果以及节奏把控等方面明显优于其他短视频。伴随着 Vlog 影响力的扩展，一系列视频编辑 APP 所推出的傻瓜剪辑工具和教程极大地简化了后期制作，为更多创作者加入 Vlogger 的行列降低了门槛。

第二节　Vlog 营销

Vlog 所具有的真实性、互动性以及鲜明的个人特色有助于 Vlogger 形成强黏性的粉丝群体，逐渐降低的技术门槛也使更多创作者主动加入 Vlogger 群体，因而 Vlog 的粉丝群体和创作者群体越来越庞大，形成了巨大的流量，为品牌方利用 Vlog 开展营销创造了条件。

一、Vlog 的营销优势①

1. 记录生活化与营销场景化高度契合

与大多数产品广告、宣传片不同，Vlog 最显著的特征就是其生活化内容的非虚构性，表演成分小，摒弃了戏剧化包装，视频内容更接地气，Vlogger 的形象更真实可信，从而更具影响力和号召力。这种特征正好与许多品牌在进行广告创意时所追求的融入生活场景、潜移默化地影响消费者的目标不谋而合。品牌或产品作为 Vlogger 生活中的一部分出现在 Vlog 中，是广告故事与用户生活相融合的具体表现，

① 邱敏，张翔 . Vlog：一种内容营销的新形态［J］. 青年记者，2019.

不仅不会产生强烈的违和感，反而能够弱化品牌植入的生硬感，保持广告的原生性和真实的用户体验，从而收获高认同感[①]。同时，Vlogger 与其粉丝之间的强连接也在为品牌提供强背书，以至于当粉丝意识到是商业推广时，反而会惊叹于 Vlogger 的内容创作能力。而且，Vlog 有充足的空间与容量，能够充分展现品牌或产品的多维价值，在营造沉浸观感、树立用户忠诚、深度传递品牌价值等方面具备更强优势。

2. 深度互动下的强用户黏性和高品牌好感度

通过真实生活展现私下一面的 Vlogger，能更容易与观众搭建情感连接，而当观众认同一个 Vlogger 的生活态度，并通过 Vlog 影响到自己的生活态度时，Vlogger 和观众之间就建立了强于其他内容形式的黏性。这种黏性一旦搭建完毕，会形成强连接性和深度圈粉，具有高忠诚度和高转化率。

Vlogger 通过虚拟交谈分享生活日常，观众通过观看、评论 Vlog 获取共鸣，这种跨越时空的互动进一步缩短了 Vlogger 与观众之间的距离，使观众产生一种与 Vlogger 处于同等地位、同样圈层的感觉，提高观众对 Vlogger 的信任度。Vlogger 与品牌的合作不仅是在完成品牌的简单曝光，更重要的是他们通过对产品的深刻体验表达自己真实的主观感受，进而完成与观众的深度互动，从而潜移默化地影响目标受众，提升他们对品牌的认知度和好感度。

3.Vlog 制作简单化促使推广成本降低

传统广告宣传片的制作周期长、数量少，涉及对象复杂，往往需要投入较高的制作成本，推广平台很多但推广成本高，许多品牌广告片只能通过增加播放次数和多平台投放来提高广告效果。Vlog 的制作相对简便，对于简单的、日常化的 Vlog 题材，不仅不需要特别专业的设备和器材，一台简单的相机甚至一部手机就可以直接制作，更重要的是不需要众多人员的参与，Vlogger 可以直接根据广告主的需求进行策划、制作脚本、出镜拍摄、剪辑、发布等活动，制作周期短（最短一周左右），亦可多平台投放。品牌方通过邀请若干 Vlogger 来协助推广，便可提高品牌的曝光度进而降低推广成本，实现 Vlog 流量在产品营销中的变现。

二、Vlog 的营销方式

近年来众多品牌与 Vlog 合作的案例屡见不鲜，在对这些实际案例进行分析的

① 品牌如何做好 VLOG 营销？［EB/OL］.［2019-06-10］. https://blog.csdn.net/chinapr_home/java/article/details/91389704.

基础上，本书总结出 Vlog 常见的 5 种营销方式。

1. 品牌植入

植入是品牌方与 Vlogger 之间最简单的合作方式。一般而言，Vlogger 不会将该品牌或产品作为专门的主题来拍摄，而是在 Vlog 中通过穿插一些与品牌或产品相关的使用画面或使用体验，如开箱介绍、日常使用等环节，将产品自然地融入 Vlogger 的日常生活中，极大地降低了广告植入的违和感。这种方式的工作量相对较小，但品牌方的选择在很大程度上与 Vlogger 本身的特质有关。如数码科技产品科普博主 @ 李大锤同学与品牌合作最为常见的方式就是植入，在 10 分钟 Vlog 中留 1 分钟给品牌方，由于他本身就是数码产品发烧友，因此很多粉丝信任他所推荐的产品，很多品牌方也愿意通过他的 Vlog 来进行产品推广。

"Vlog之父"凯西・奈斯塔特曾与耐克合作拍摄了一支Vlog推广耐克手环，"耐克给了我很多预算去拍一支影片，我用这笔钱环游世界玩了十天"，这是这支 Vlog 的开头，整个 Vlog 的内容围绕着凯西和他的朋友在世界各地的旅游景点奔跑而展开。但就是这样一个看似有些无厘头、几乎没有产品出现的画面，却很好地诠释了 Nike 希望表达的主题——分秒必争[①]。29 个小时的素材最终浓缩成的 4 分钟的 Vlog，在 YouTube 上达到了 2700 万的播放量，成为耐克历史上最受欢迎的广告短片之一。Casey 耐克手环 Vlog 截图见图 12-3。

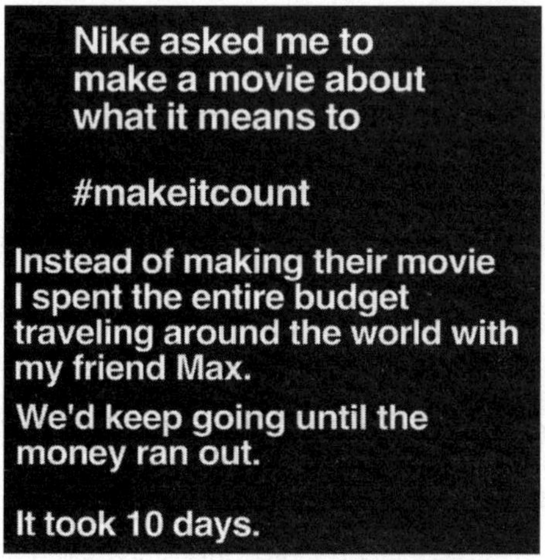

图 12-3　Casey 耐克手环 Vlog 截图[②]

---

① 品牌如何做好 VLOG 营销？［EB/OL］.［2019-06-10］. https://blog.csdn.net/chinapr_home/java/article/details/91389704.

② 阿柯阿珂 .TraveliD 视频剧组：Nike 手环广告片［EB/OL］.［2016-11-18］. https://v.qq.com/x/page/e03477lqj43. html.

2. 品牌活动参与

品牌方会通过邀请 Vlogger 参加产品发布会、品牌展览等活动，允许 Vlogger 以个人视角记录现场活动体验，从多角度展示活动场景、体验产品与服务，以趣味性的方式传递产品信息，达到品牌和产品曝光的效果。

时尚博主 @ 原来是西门大嫂 2018 年 9 月受邀到旧金山现场参与苹果秋季发布会，拍摄并发布苹果产品体验 Vlog[①]。11 月，在纽约布鲁克林音乐学院举办的苹果发布会上，@ 深夜徐老师及其团队同样现场参与并拍摄了一支 6 分钟左右的深度体验 Vlog《纽约 72 小时》。视频中，@ 深夜徐老师及 @ 摄影师裤子双双出镜，除了感受发布会的现场氛围、体验新品 ipad pro 及 apple pencil 的磁吸等功能外，他们还在 Vlog 里融入了纽约当地吃喝玩乐的诸多日常元素，从生活化的视角呈现发布会的体验内容[②]。

品牌展览现场也是利用 Vlog 进行宣传的机会。在奢侈品品牌 LV 近年来最大规模的一次主题展览《飞行　航行　旅行——路易威登》上，包括 @ 大概是井越、@flypig、@Kat And Sid 等在内的知名 Vlogger 都被邀请来到现场，以各自不同的 Vlog 风格呈现现场的观感[③]。而且，LV 还为 Vloggers 提供了服装、鞋子、手提包、挂饰等品牌产品，Vloggers 将这些产品的穿戴体验也记录在其 Vlog 中。这种带有 Vlogger 独特风格的品牌体验 Vlog 既能降低品牌植入的违和感，同时也使观众在观看时产生很强的代入感。

3. 产品测评

所谓产品测评就是 Vlogger 在使用产品时，多角度展现产品的性能和特征，为粉丝提供干货类的产品使用指南。欧阳娜娜在留学期间发布的第 6 期 Vlog 中，开箱了匡威品牌方寄来的产品，同时还记录了其到匡威线下门店定制鞋子的全过程，非常直观地呈现了匡威的产品及服务[④]。这期 Vlog 一经发布就受到网友们的热烈响应，“欧阳娜娜、VLOG、匡威”一度成为热搜关键词，明星 Vlog 对品牌的曝光效果不言而喻。

2018 年 4 月，OPPO R15 发布之际，品牌邀请 @flypig、@AndrewGuan、@ 大概是井越等多位 Vlogger 以“OPPO R15 手机”为主题，拍摄了一系列 Vlog 广告，这是 OPPO 在品牌营销中的一次创新尝试。同样的主题，不同 Vlogger 的拍摄角度

---

① 抖音为 Vlog 开测 5 分钟长视频？解读 Vlog 的前世今生［EB/OL］.［2019-01-02］. http://www.woshipm.com/it/1799453. html.

② 品牌如何用VLOG做营销，这6个思路可以借鉴［EB/OL］.［2018-12-24］. https://socialbeta.com/t/103536.

③ 品牌如何用VLOG做营销，这6个思路可以借鉴［EB/OL］.［2018-12-24］. https://socialbeta.com/t/103536.

④ 万物皆 Vlog，品牌怎么玩？［EB/OL］.［2019-07-24］. https://www.adquan.com/post-2-286345. html.

和内容呈现却不尽相同，如 @flypig 针对相机和手机视频拍摄的硬件差异展开 Vlog；而作为国内滑板运动内容网站 KickerClub 创始人的 @AndrewGuan 则以“手机拍摄滑板短片”为主要内容进行拍摄①。2018 年 10 月，OPPO 再次邀请一些 Vlogger 分别赴东京、纽约和香港三个城市，使用 OPPO R17 Pro 以“发现夜的美”为主题制作 Vlog，三支 Vlog 的制作感和完成度都很高，生动展现了 OPPO R17 Pro 主推的夜拍功能②。随着 Vlog 在大众市场的火爆，OPPO 手机也开始探索开发与视频拍摄相关的功能，2019 年 9 月推出的 OPPO Reno2 机型主打“超防抖”功能，全方位提升用户的视频拍摄体验，很多 Vlogger 通过开箱测评的方式推广该款机型，提高曝光度③。除 OPPO 外，华为、小米也运用 Vlog 营销推广旗下新型智能手机。

可口可乐 40 周年之际，推出了迷你罐限量礼盒，礼盒中包含四罐可乐、硅胶垫以及一本记载 1978—2018 年可口可乐点滴时光的贴纸册。以此为创作素材，Vlogger @Catson 以自身与可口可乐的情感为主线，为品牌制作了一支名为《我的可乐倒带回忆录》的主题 Vlog，如图 12-4。通过回忆录上的贴纸和问答串联，将可口可乐的历史和年代形象表现出来，以个人情感的视角，呈现可口可乐 40 周年“时光在变，在乎不变”的品牌 Slogan（广告语）。这支以记录情感为主的 Vlog，将一个纪念礼盒转变成一个品牌的时代印记和品牌软文化的输出，既能吸引爱好“讲故事”的年轻人参与，亦可通过圈层营销覆盖更广的人群。④

图 12-4 《我的可乐倒带回忆录》

① Vlog走红背后：正在成为品牌吸引年轻消费者的主流营销方式[EB/OL].[2019-03-20].https://www.sohu.com/a/302762180_309770.

② 视频营销之 Vlog 的五大营销形式！[EB/OL].[2019-01-08].https://www.jz08.com/article/10311. html.

③ OPPO Reno2 摄影实力如何？Vlog 博主实拍测试告诉你答案[EB/OL].[2019-10-08].https://new.qq.com/omn/20191008/20191008A0KZY100. html.

④ 万物皆 Vlog，品牌怎么玩？[EB/OL].[2019-07-24].https://www.adquan.com/post-2-286345. html.

4. 沉浸式体验

旅游、酒店、商超 / 零售等服务性行业对沉浸性体验的要求更高，通过 Vlogger 对酒店、景点、零售实体店等的产品和服务等进行深度体验，将生活记录与旅游体验、购物经历等相结合，形成更形象直观、更有感染力的 Vlog，对观众实现精准触达。

法国旅游发展署曾邀请时尚博主 @SavisLook 记录自己在巴黎的 168 小时，所制作的 Vlog 将法国街头的浪漫、洒脱精神体现得淋漓尽致[①]。@SavisLook 通过亲身体验将巴黎的服务、娱乐活动及环境氛围等以沉浸的方式帮助消费者形成更加形象具体的感知，进而达到提高品牌知名度、树立品牌形象的效果。法国旅游发展署也通过这种潜移默化的方式，将旅游目的地的营销做到了极致。

同样，西安君悦酒店也邀请到一对情侣 Vlogger @Kat And Sid 通过体验 3 万元一晚的总统套房，以达到曝光的效果。在这支 Vlog 中，根据酒店方的安排，Kat 和 Sid 跟随时间表一边体验一边向观众介绍酒店的房间概况、双人包间水疗服务以及意大利餐厅等特色[②]。这种分享现场体验感受的方式，直观地呈现了产品或服务的特点、优势和变化，直观地传达出品牌理念。

此外，探店也是沉浸式体验的常见方式。匡威代言人欧阳娜娜的 Vlog “我的星期天”中记录了其到匡威线下门店挑鞋、试鞋、定制鞋子的流程，形象直观地向观众传达了匡威门店线下服务的全部过程，提高了品牌在受众中的知名度。

5. 主题故事定制

品牌精神展示是当前品牌与 Vlogger 合作最具深度的方式。这类 Vlog 主要是通过讲述一段经历引出对品牌精神的思考，是 Vlog 营销中相对难度最大的一种呈现方式，对 Vlogger 的以往生活经历和内容创作能力都有极高的要求。但是，高度人格化的 Vlogger 们往往自带鲜明的个性特征，可以通过主题创作将品牌精神内涵在故事中以软性巧妙的方式进行呈现。

在 Vlogger @ 你好 - 竹子与 PUMA 合作的主题“你就这样”的 Vlog 中，竹子与好友一起去三亚体验海边渔村的真实生活，从中汲取生活的灵感和启示。在对大自然、渔民生活以及冲浪体验的探索中，竹子传达出自己对生活的理解，也传达了 PUMA“Do you 你就这样”的品牌精神。Vlog 中很多对白让粉丝产生强烈的情感共

① 抖音为Vlog开测5分钟长视频？解读Vlog的前世今生［EB/OL］.［2019-01-02］. http://www.woshipm.com/it/1799453. html.

② 万物皆 Vlog，品牌怎么玩？［EB/OL］.［2019-07-24］. https://www.adquan.com/post-2-286345. html.

鸣，使 PUMA 的品牌精神在观众心中留下深刻的烙印。[①]

华为 nova4 在使用 Vlog 进行营销时，基于春节的背景，邀请四位知名 Vlogger @ 房琪 kiki、@ 仲尼 Johnny、@ 象韵洁、@ 王嘉禾 er 用华为 nova4 手机来拍摄各自的主题 Vlog。@ 房琪 kiki 以"回家，是给父母最好的礼物"为主题，拍摄了春运期间年轻人为了与父母团圆，不远万里跋山涉水回家的艰难，表现了年轻人对父母和家的依恋。这支 Vlog 不仅在网络上反响不错，还被主流媒体 CCTV-13 频道进行了报道。@ 象韵洁则以年夜饭为主题，拍摄了自己为父母所准备的丰盛年夜饭，以此来向父母展现自己的成长，"即便未来离开家，也能让父母放心"的主题昭然若揭。华为 nova4 将这些 Vlog 视频串联起来，从年前到年后，环环相扣，既吸引了这些 Vlogger 粉丝的注意力，又引起了众多漂泊在外的年轻人的共鸣，激发他们以 Vlog 的形式自发分享春节故事，形成了二次裂变，获得了更多曝光。虽然整组 Vlog 没有一句对华为 nova4 的介绍，却通过片头片尾的提示和 Vlogger 不经意的使用，让用户知晓此 Vlog 是由华为 nova4 手机所拍摄，达到了潜移默化影响用户的作用。同时 Vlog 也树立了华为关注年轻群体的品牌形象，拉近了品牌与年轻人的距离，有助于产品顺利打入年轻人的圈层。[②]

与其他新媒体营销方式相比，Vlog 凭借优质的原生内容，沉浸式的深度体验，真实的人格属性，契合了年轻人表达自我、回归真实的诉求，是品牌方以快速有效的方式打开年轻一代消费市场的新途径。随着 5G 时代即将到来，爆炸化的信息传播特征日益加深，原创、有趣、有内涵的内容越来越被品牌营销所需要。Vlog 拥有的人格化、强用户黏性、圈层文化属性和生活主题内容，驱使越来越多品牌入局，抢占用户注意力，以多样化的形式拥抱消费者。

面对 Vlog 快速风靡的影响力，虽然各大新媒体平台仍在不遗余力地进行扶持，但 Vlog 本身依然存在商业化不够成熟、商业闭环还未完全形成的问题。目前具有商业变现能力的依然是少部分头部 Vlogger，如何扶持这个市场走向大众化，找到 Vlogger 和消费群体开展对话的新方式，仍需进一步的思考。

---

① 品牌如何用VLOG做营销，这6个思路可以借鉴［EB/OL］.［2018-12-24］. https://socialbeta.com/t/103536.

② 品牌如何做好 VLOG 营销？［EB/OL］.［2019-06-10］. https://blog.csdn.net/chinapr_home/java/article/details/91389704.

第三节　旅游目的地 Vlog 营销案例

一、《在巴黎的 168 个小时》——法国旅游发展署的目的地营销

2018 年 11 月 5 日，法国旅游发展署在其微信公众平台上发布一则企划公告，邀请 3 位国内知名博主参加特别企划活动《在巴黎的 168 个小时》，以巴黎为旅游目的地向中国国内市场进行营销宣传[①]。此次活动邀请3位知名博主在巴黎进行7天的深度体验，将在巴黎旅游的食、住、行、游、购、娱等活动一一记录，分别以各自的自媒体平台为阵营进行宣传推广。此次巴黎旅程的内容主要包括参观巴黎的名胜古迹如凡尔赛宫、大特里亚农宫、巴黎歌剧院、老佛爷百货、花宫娜香水博物馆、红磨坊等，参与地方化的体验性活动，如跟着法国大厨学习法国家常菜，漫步于蒙马特高地的街头艺术中，在当地购物旅行公司的安排下体验巴黎服装的时尚设计、塞纳河上浮动餐厅的浪漫梦幻。最后，3 位博主均对戴高乐机场贴心的交通服务、高品质的免税店服务以及其他饮食、休闲服务进行分享。

除此之外，法国旅游发展署还在其微信公众平台推出投票系统，让粉丝票选出最受欢迎的博主，而且推出抽奖活动，对热评第一的微信粉丝赠送往返巴黎的机票及 4 晚住宿（1 个房间），此条推送累计阅读量已达 3.9 万次。同时，新浪微博上也建立了以“在巴黎的 168 个小时”为标签的话题，在 3 位博主以及法国旅游发展署官博的带领下，阅读量在一周内冲破 200 万次，累计达 603.5 万次，讨论次数突破 1.3 万次，形成了较大的话题影响力。由于 3 位博主的新媒体影响力，视频社区哔哩哔哩、优酷视频、旅游 OTA 平台携程旅行网等都成为该活动的营销平台，线上互动性不断提高。法国旅游发展署在微信公众平台的推文见图 12-5。

---

① 在巴黎的 168 个小时，想亲自飞去体验一下吗？［EB/OL］.［2018-11-05］. https://mp.weixin.qq.com. ENCORE# 在巴黎的 168 个小时 #［EB/OL］.［2018-11-14］. https://mp.weixin.qq.com.《在巴黎的 168 个小时》博主投票及留言点赞结果公布［EB/OL］.［2018-11-17］. https://mp.weixin.qq.com.

有奖 | 在巴黎的168个小时，想亲自飞去体验一下吗？

法小旅 法国旅游发展署 2018-11-05

提到巴黎，想象中的画面都是：
充满法式格调的下午茶
优雅的穿着
在时尚的街头轻声谈笑...
但现实却是：
人山人海的景点和匆匆忙忙的行程
走马观花，一身狼狈？
请看法国旅游发展署特别企划：
《在巴黎的168个小时》！
让你像巴黎人一样，用心地享受当下！
说走就走，跟着3位博主深入巴黎
来一场梦寐以求的邂逅吧！

图 12–5　法国旅游发展署在微信公众平台的推文

在三位博主中，@SavisLook 就选择运用 Vlog 来展现自己对这段旅程的感遇。@SavisLook 具有时尚达人的标签，专注于穿搭和美妆，自媒体平台主要包括微博（粉丝数 387 万）、微信和 B 站（哔哩哔哩，粉丝数 57.6 万）。@SavisLook 针对巴黎旅程的记录则以旅行 Vlog 为主要形式。自 2018 年 11 月 5 日至 11 日，@SavisLook 在其微信公众平台、微博以及 B 站上陆续发布了 7 条巴黎旅行 Vlog，分别是预告片《在巴黎的 168 小时 | 预告 | Travel with Savi》、第一天《在巴黎的 168 小时 | Day 1 和我一起逛巴黎最大的跳蚤市场》、第二天《在巴黎的 168 小时 | Day 2 雨雾中的凡尔赛》、第三天《在巴黎的 168 小时 | Day 3 俯瞰巴黎制作香水红磨坊》、第四天《在巴黎的 168 小时 | Day 4 在巴黎人的厨房一顿法餐》、第五天《在巴黎的 168 小时 | Day 5 塞纳河的晚餐》、第六天《在巴黎的 168 小时 | Day 6 和巴黎说拜拜啦》，以视频的形式生动直接地展示了巴黎的著名景点和体验活动，尤其是在巴黎跳蚤市场的流连和学习香水制作的工艺，深度的沉浸感和良心的制作获得粉丝们的一致好评[①]。截至目前，@SavisLook 的 7 条视频在 B 站播放量总计 36 万次，评论数累计 3300 条，在微信公众号的阅读量累计达 6.5 万次，微博的转评赞数达上万次，

① https://search.bilibili.com/all?keyword=%E5%B7%B4%E9%BB%8E168&from_source=nav_search_new.

展现了很强的号召力。

二、"19 小时寻找北京"——北京东城区文旅品牌性营销[①]

由东城区文旅局主办的"19 小时寻找北京"目的地营销活动，以 Vlog 和短视频的形式依托新浪微博、北京电视台以及国内外 20 多家媒体，在 2019 年 10 月 24 日 05：00—24：00 的 19 个小时陆续发布 19 种古都北京新体验。

此次活动在内容设置上更加突出寻找古都北京"变与不变"的人、事、物，增加了东城区鲜明的文化元素，如珐琅制作技艺、签篌等非物质文化遗产的体验，角楼图书馆、更读书社等文化阅读空间，东苑戏楼、77 文创园等戏剧演艺空间，王府中環主题艺术展、王府井百货大楼"和平菓局"展览等商业空间里的文化艺术体验内容，集中展现东城区作为全国首批公共文化体系服务示范区的文化风貌，提升辖区民众文化归属感和获得感，提升旅游经济消费升级。

在表现形式上，更注重趣味性和互动性，邀请了 6 位年轻艺术家别具匠心地创作了 6 组城市空间艺术装置供游客和市民拍照打卡：体现着北京报时文化的钟鼓楼记录着几代北京人的成长记忆，那些被遗留在回忆深处的老家具在钟鼓楼广场上被制作成一个"时光记忆之屋"，激起时间和空间上的回响；在生活、商业、文艺的融合之地五道营，一组"隐藏信息"出现在胡同的灰墙上，似乎在告诉人们艺术往往就隐匿在你生活中的平凡瞬间；明城墙是被包裹在现代都市中的历史古迹，一个名为 Blue 的艺术装置让城墙上的夜晚多了一个会发光的新月亮，与 CBD 遥遥相望，如同通向另一个时空的隧道。

在传播手段上，随着 Vlog 的兴起和风靡，"19 小时寻找北京"也从过去 17 小时和 18 小时的"我演我播大家看"升级到"大 V 带头，大家拍大家传"。多位 Vlogger 在东城区完成不同主题的深度体验后领衔发布 Vlog 视频，精准定位兴趣受众，引导网友自发参与传播。19 小时陆续发布的 19 个"古都新发现"，依托社交媒体平台，对传统文化符号进行了更加年轻化的表达，在与大众建立情感连接的同时完成文化价值的输出。

19 个小时，Vlog 大 V 们带领网友发现"时代在变，匠人的情怀不变""红墙绿

---

① 北京市东城区文旅局"19 小时寻找北京"，发现这座城的"变与不变"[EB/OL].[2019-10-24]. https://baijiahao.baidu.com/s?id=1648246061595906951&wfr=spider&for=pc.

东城区文旅局：上线营销活动"19 小时寻找北京"[EB/OL].[2019-10-24]. http://www.pinchain.com/article/205425.

瓦未变，诠释它的方式在变”“老念想儿不变，创意生活在变”“好那一口儿多变，食客的讲究不变”“胡同不变，与古都的相遇方式在变”“夜色不变，夜猫子刷夜的选择在变”……依循这些变与不变的情感线索，Vlogger 们通过趣味性的视频解读，将人们对这座城市的不懈努力和美好向往一一呈现在网友面前，在带给人们不一样视觉体验的同时，也让大家领略东城文化的深厚魅力，弘扬传统文化，增强文化自信，推动区域文旅经济发展。

众多历史、文化、时尚、国际的旅游资源的文化价值和体验价值，在“19 小时寻找北京”目的地营销活动的加持下，被整合、加工，最终转化为东城文旅的品牌价值。“19 小时寻找北京”已经在微博话题的阅读次数达到 2.8 亿次，讨论次数超过 1.1 万次，吸引原创人数 318 人。

“19 小时寻找北京”目的地营销活动是东城区进一步深入打造区域文化旅游品牌，推广辖区优质文旅产品资源的新尝试，通过推进“文化 +”“旅游 +”建立超链接，拓展故宫以东——文化东城的内涵与外延，既发挥了国家公共文化服务体系示范区作用，又展现出首都核心区旅游文化的魅力，巩固区域文旅品牌的影响力。

三、“渝来渝好 VLOG 大晒”——重庆旅投集团景区营销新尝试①

“重庆不止有洪崖洞、磁器口、解放碑、南山和李子坝穿楼的轻轨，重庆好吃的也不止火锅、小面、辣子鸡。其实，重庆大有可玩！”

2019 年 7 月，新浪重庆联合重庆旅投集团发起“渝来渝好 VLOG 大晒”有奖活动，征集全国 Vlog 博主以重庆为旅游目的地，用 Vlog 展示个性特色的旅行态度，分享生活乐趣。通过参与活动晒出 Vlog 作品，Vlogger 有机会赢得大疆口袋灵眸、手持云台、新浪限量公仔等奖品，入选的优质 Vlogger 还将获得和家人一起享受重庆深度免费游的特别福利。主办方介绍，此次活动将征集 5 组 Vlog 博主，携同家人好友，一同体验重庆旅投集团旗下丰富的特色产品线路，并以时下最流行的 Vlog 短视频记录分享旅程美景和旅行趣闻。3 条体验线路将分设为适合情侣或闺蜜出游的趣味休闲游，适合亲子家庭的研学欢乐游，以及适合多人团队的户外刺激游。

---

① 快来晒出你的 VLOG 一人报名赢全家重庆免费游［EB/OL］.［2019-07-12］. http://gx.sina.com.cn/travel/2019-07-12/detail-ihytcerm3205578.shtml2.

全国知名 Vlog 博主扎堆来渝采风“中国锦鲤”点赞重庆旅游［EB/OL］.［2019-07-22］. http://cq.sina.com.cn/travel/2019-07-22/detail-ihytcerm5506445.shtml.

渝来渝好 VLOG 大晒跟着全国 Vlog 博主玩重庆［EB/OL］.［2019-08-16］. https://weibo.com/a/hot/7574953391069185_1. html?type=new.

根据活动安排，在7月下旬受邀Vlogger们将打卡洪崖洞、解放碑、李子坝、鹅岭二厂等重庆各大网红景点，随后还将深入金佛山领略壮观的世界自然遗产喀斯特地貌，乘坐长江内河最大最豪华的长江黄金邮轮畅游三峡美景，在国家5星天然温泉统景温泉享受悠闲的午后，陪宝贝在乐和乐都与野生动物近距离接触、体验泥浆水枪大战，还有风景如画的乌江画廊、龚滩古镇，刺激好耍的原生态峡谷金刀峡……

自7月10日重庆旅游官博发起“渝来渝好VLOG大晒”评选活动至7月22日结束，已吸引了上百位Vlog博主投稿发微博。活动上线一周该话题量已超1500万。通过视频评选和自主报名情况综合考虑，最终筛选了5组Vlog博主与好友或家人同游重庆。“中国锦鲤”信小呆、知名Vlog博主@关于谢姑娘、知名旅游视频自媒体@归野buddy 、@大雨和美迪、@Sorry爱旅行_、@文小象，知名育儿母婴博主@小冯妹子ru一家、出演芒果TV《萌仔萌萌宅》的萌娃@金宝毓桐一家等，多位Vlog博主受邀在渝体验重庆旅投集团的精品旅游产品和线路。

此次达人行活动效果显著，在国庆前为重庆旅投集团旗下景区集中火力进行强势曝光、精准宣传，创下7000万+话题阅读量、千万粉丝覆盖量、百万视频直播观看量的宣传效果。重庆旅投集团旗下景区在国庆节期间人气爆棚，接待量、营收都得到了明显提高。2019金足迹文化旅游峰会上，重庆旅投集团也因“渝来渝好VLOG大晒”目的地营销活动获文旅创新营销案例大奖。

第三部分 综合案例

第十三章　西安大唐不夜城整合营销案例

一、案例背景

大唐不夜城项目位于西安曲江新区举世闻名的大雁塔脚下，是陕西省、西安市重点建设项目。南北长 2100 米，东西宽 500 米，总建筑面积 65 万平方米。该项目以盛唐文化为背景，以唐风元素为主线，以体验消费为特征，着力打造集购物、餐饮、娱乐、休闲、旅游、商务为一体的一站式消费天堂。

不夜城分为六个唐风街坊，一条亚洲最大的景观大道，三大主题文化广场，四大文化艺术场馆，八大文化旅游商贸工程。该项目旨在重现当年大唐盛世的风采，是一条集文化、餐饮、娱乐为一体的文化商业步行街。主要建设内容包括：以贞观广场、开元广场、玄奘广场为主体的大唐文化雕塑工程；以西安音乐厅、西安大剧院、曲江美术馆和曲江电影城为代表的大型公共文化场馆工程；以威斯汀酒店、豪享来酒店、新乐汇商业街区为代表的大型酒店商业配套工程；以空中观光轻轨、景观步行街为代表的大型旅游交通工程。

大唐不夜城对于曲江、西安甚至对于陕西的旅游业来讲，最大的影响在于“不夜”，填补了曲江、西安甚至陕西旅游的一个空白。大唐不夜城作为西安的地标性街区和一张亮丽名片，聚集了最具人气的元素，同样也渗透着中国传统历史文化。大唐不夜城步行街在 2019 年中国年活动期间接待市民游客近 1700 万人次、元宵节当日总客流量突破 84.7 万人次、央媒聚焦 800 余次、微博阅读量超 7 亿、抖音播放量过 4 亿次，堪称文旅融合风向标。在 2019 年的国庆假期，大唐不夜城就以接待游客 119.96 万人次当仁不让地成了“人气王”，[①] 这与其背后的营销策略密不可分。

2020 年 1 月 6 日，抖音发布《2019 抖音数据报告》，报告显示，抖音日活跃用户数超过 4 亿，用户全年打卡 6.6 亿次，西安与北京、成都、上海等一同入围 2019

① 商务部部长钟山考察西安大唐不夜城步行街［EB/OL］.［2019-10-15］. https://3g.163.com/jiankang/article_cambrian/ERIB6DKI0514A3C1. html?referFrom=360&isFromOtherWeb=true.

抖音点赞最高的国内城市TOP10，“大唐不夜城不倒翁”相关视频播放量超23亿次，西安大唐不夜城景点位列2019抖音播放量最高的景点首位，如图13-1所示。在抖音，一个人带火一座城成为过去一年的独特现象。23岁的抖音西安用户@皮卡晨化身“不倒翁小姐姐”，掀起握手狂潮，吸引人们争相实地打卡。①

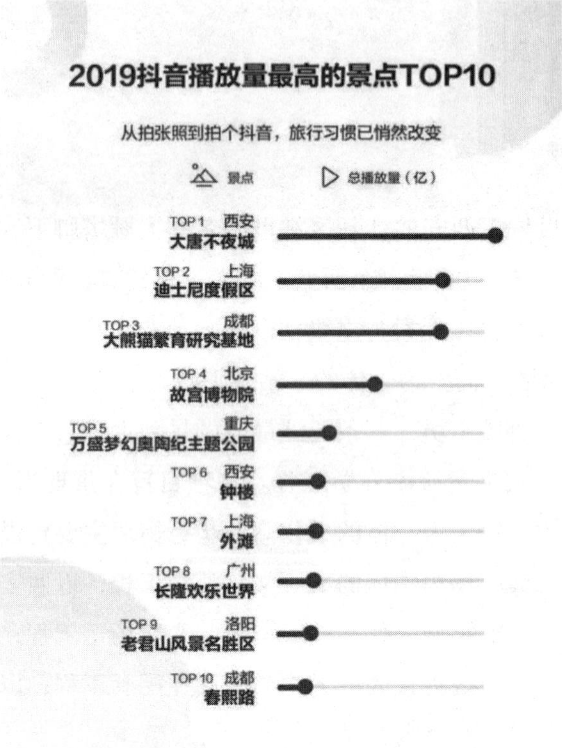

图13-1 2019抖音播放量最高的景点TOP10

二、营销策略

1. 巧用抖音红人效应，营销造势

2019年，绝大多数用户一定在抖音上刷到过大唐不夜城不倒翁小姐姐的视频。这位小姐姐画着唐朝妆容被簇拥在人群之中，一袭红色纱裙之下，却是不倒翁的支撑球体。小姐姐一个回眸，轻轻地将手搭在观众手上，配以《神话》音乐，仿佛一瞬间把人拉回了大唐时代。

这则视频刷爆了全网，截至2019年12月31日已经获得了超过360万的点赞

① 抖音发布2019数据报告，大唐不夜城成全年最火景点［EB/OL］.［2020-01-07］. https://www.sohu.com/a/365175607_348930.

量，而视频中的小姐姐也被网友亲切地称呼为“不倒翁小姐姐”。真人版不倒翁的视频爆红网络，吸引了不少游客慕名而来打卡，只为一睹小姐姐的真容，感受大唐风采。同时，多数游客选择自行前往大唐不夜城，选择有不倒翁小姐姐表演的场次进行观赏，最后将参观的视频分享在抖音上，与众多抖友分享。在抖音上，各种攻略视频和打卡视频响应起来，均获得了较多的点赞和关注。

媒体争相报道、频频登上热搜，大唐不夜城可以说是火遍全国。至今还热度不减的不倒翁小姐姐每每出场就是尖叫声不断，实力诠释“一个人带火一座城。”还有因被游客逗笑而走红的“石头哥”。每天晚上都有来自全国各地的游客前来只为博石头哥一笑。而大唐不夜城也巧借网红效应，推出特色活动来吸引旅游者的视线，最火的莫过于不倒翁征集活动，助力素人成为明星，最终抖音视频点赞量和转发量双项最高的人将获得惊喜大礼包，引发广泛响应。

2. 借势大唐 IP，玩转夜经济

大唐不夜城作为“文化 + 旅游 + 商业”的标本，也已跻身首批国家试点步行街区。作为曲江新区文旅融合的样板，大唐不夜城步行街的文创集市唐文化体验“华服讲堂”等都是基于对历史文化尤其是盛唐文化的挖掘。庄严大气的群英雕塑、热闹欢腾的繁华市集、琳琅满目的文创产品、精彩纷呈的文化演出，兼具文化历史底蕴和现代创意。除此之外，陕西大剧院、西安音乐厅、西安美术馆、太平洋影城、曲江艺术博物馆以及星罗棋布的小舞台，让多元的文化在这里碰撞出火花，也让大唐不夜城成为文化旅游的重要消费场所。

如今的大唐不夜城人流如织、热闹非凡，完备的执法巡逻体系分布在整个街区 24 小时巡逻，全方位保洁，覆盖整个街区的免费 Wi-Fi，每个灯杆下面还有紧急呼叫系统报警按钮。这些贴心的准备，让市民游客逛得更加舒心和安心，也让大唐不夜城成为“夜游西安”的一个超级 IP。

3. 官方宣传，强势输出

（1）亮相西安城市宣传片

西安城市形象宣传片由西安市文化和旅游局组织拍摄，通过“见西安 · 千年古韵”“见西安 · 时尚新都”“见西安 · 礼通四海”三大板块展示了西安数千年文明史的恢宏古韵和建设国际化大都市的现代风采。

不倒翁小姐姐的视频片段出现在时尚新都中，依旧带给人一眼万年的感动。形态各异的彩车造型、独特的演员组成的方阵，将历史的繁盛和现代之时尚完美结合，盛大的花车巡游把现场气氛推上高潮，美轮美奂的花车也让在场观众大饱眼福。还有“最美天街”，在炫彩亮丽的光影科技打造下，音乐、光电、流水、喷泉交相呼应，宛如大唐盛世再现。整条街区灯光璀璨，气势恢宏。

（2）亮相进博会

上海举行的第二届中国国际进口博览会上，“西安元素”惊喜不断，曲江大唐不夜城步行街更是惊艳亮相。

在进博会中国馆“幸福中国”展区，3D大屏幕上滚动播放着步行街主题宣传片。与大唐不夜城步行街一同展示的，还有北京王府井大街、上海南京路、南京夫子庙、重庆解放碑等名街。

据了解，西安大唐不夜城步行街是商务部全国首批11条改造提升试点步行街之一，占地面积65万平方米，年客流量超1000万人次，是亚洲规模最大的雕塑景观街区和全国首个刷脸支付街区。此次展示，是西安作为国家中心城市地位的重要体现，是城市形象的重要窗口。[①]

（3）抖音、微信公众号等官方平台原创内容不断更新

作为创作平台，抖音和微信公众号上有着更多的内容输出。大唐不夜城抖音共有粉丝2.2万，发布的原创视频有413个，内容包含景区内的各类舞蹈、表演、小吃、风景等，配上特定的音乐和解说，带给观看者视听上的享受。微信公众号上公布的内容原创居多，且精心排版和构架，并不是死板地进行宣传，而是结合当下形式，用轻松愉快的方式进行内容创作。发布的内容好玩又吸睛，每篇均有较高的阅读量。

4. 云旅游，线上感受大唐风韵

春意绵长，花好景亮，在疫情背景下，大唐不夜城开通云直播间，让人们跟随不倒翁小姐姐一起，在线上感受盛唐今朝。

首先，网络直播间的汉服快闪，将人们带回万国来朝、盛世景象的唐朝。通过讲解，让直播间的朋友详细了解大唐不夜城的“食、住、行、游、购、娱、商、闲、趣”一条龙服务，让人们找到各自的兴趣点。

其次，进行非遗体验，感受手工艺的魅力。糖画，所用的工具仅一勺一铲，糖料一般是红、白糖加上少许饴糖放在炉子上，用温火熬制，熬到可以牵丝时，即可用来浇铸造型。这种传统技艺在当前已经成为值得怀念的珍贵记忆。“糖画手艺人”为直播间粉丝和现场一位小朋友制作糖画，能让更多人认识糖画，是对技艺的展

① 大唐不夜城步行街亮相“进博会”［EB/OL］.［2019-11-07］. https://www.360kuai.com/pc/9746a984d20f32cde?cota=3&kuai_so=1&sign=360_57c3bbd1&refer_scene=so_1.

示，也是对经典的传承。

再次，观看演出，感受唐风古韵。不论是花车斗彩、行为艺术表演，抑或是音乐舞台、历史讲解，在不倒翁小姐姐的直播间，都显得别样精彩，唐代气息从手机屏幕自然飘逸。唐代不得不提到的，就是繁盛的文化交流。诗歌、绘画、雕塑、音乐、舞蹈等各方面都得到了长足发展。不倒翁小姐姐皮卡晨也带大家领略了街区的雕塑文化。大唐不夜城步行街以中央景观带为核心，分布着盛世帝王、历史人物、英雄故事等九组主题群雕雕塑群，立体展现了大唐盛世的辉煌，一条街就是一条梦回大唐的时光隧道。

最后，开展投壶游戏，近距离接触唐文化。在安兴坊，不倒翁小姐姐用"高大上"的唐代宴饮游戏，带大家一起进行了投壶的现场互动。从容安详、讲究礼节的游戏体验，让穿越感有了立体的直观感受。投壶既是一种礼仪，又是一种游戏。《礼记》《大戴礼记》都有投壶篇专门记述。投壶礼举行时，宾主双方轮流以无镞之矢投于壶中，每人四矢，多中者为胜，负方饮酒作罚。①

疫情当前，大唐不夜城也号召大家文明赏景，这样的云旅游获一致好评。线上云端直播更开启了短视频时代的特殊旅游形式，既进行了相关历史文化的普及和景区景点的介绍，也吸引了众多居家防疫的人们的兴趣，是新形势下顺势而为的旅游创新。

5. 影视营销

《长安十二时辰》是由曹盾执导，雷佳音、易烊千玺领衔主演的古装剧。该剧改编自作家马伯庸的小说，讲述了上元节前夕，长安城陷入危局，长安死囚张小敬临危受命，与少年名士李必携手在十二时辰内拯救长安的故事。

上元节前夕，长安城混入可疑人员，身陷囹圄的张小敬临危受命，与少年天才李必携手在十二时辰内破除隐患。全篇运用了创新的探案剧集结构与人物关系设定，把故事嵌套在当时的世界文化中心城市长安这样一个完美的切入点。在展现跌宕紧凑的故事架构、反脸谱化的英雄人物、脑洞大开的细节设计的同时，也带给观众丰富的文化价值。

电视剧的热映为大唐不夜城带来一定热度。之后，大唐不夜城官方微博展开讨论话题，"千年古都常来长安""无论昼夜长安依旧"的话题引发广泛讨论。并随之上线《长安十二时辰》之花车斗彩现场版视频。盛世长安，花车舞斗；佳人倾城，

---

① 云游大唐不夜城线上感受大唐风韵［EB/OL］.［2020-04-07］. https://mp.weixin.qq.com/s/-NZYCq9f06070S1_99EMqQ.

才子倜傥，让人一眼千年，穿越于长安与西安之间。这是古都深厚的历史文化底蕴带来的亲切体验。好一出视听盛宴！

6. 内容创新，形式出众

（1）情景演出《再回长安》

《再回长安》这部古都人文展演剧，以西安的人文风采和文化传承为背景，通过似梦如幻的声光电特效，华美绮丽的演出阵容，展开一幅重回盛唐、和融四海的恢宏画卷，勾画出古都古今人文风韵，让游客穿越唐朝，感受中国文化的强劲活力。

演出通过浸入式观演方式，以跨越时空、穿越千年的古今团圆宴为主题，演绎回家、传承、守护、和合四大篇章，是一场展现家国和合盛世欢歌的经典演出。演出阵容多达200人，气势宏大，再加上美轮美奂的舞台效果，震撼全场。

从导演到所有演职人员，都是全身心投入。丛明玲导演说："以前可能更多的只是满足旅游景区游客的心理，而这次不一样，我们为春节这个重要的节日、为大唐不夜城·现代唐人街这么一个富有历史感的街区、为'西安年·最中国'这样一个重量级年俗文化活动量身打造这样一台演出，最重要的是抓住一个主题——'家'。"演员观众不分你我，亦真亦假，如梦如幻。

（2）歌曲《我在西安大唐不夜城等你》

《西安人的歌》朗朗上口，将西安的鼓楼、钟楼、城墙、火车、高楼大厦、泡馍等都写进了歌里。一个个生动具体的形象，既反映了西安的古都特色，又展现了西安的新貌，被认为"只有西安人和在西安生活过的人才懂"，唱出了西安人眼中的西安模样，带有乡音的唱腔中蕴含的对家乡的感情，既勾起了西安人的乡愁，也让每一个人产生情感共鸣。

王恺乐队创作全新歌曲《我在西安大唐不夜城等你》，为大唐不夜城打造自身的歌曲，增添新的记忆点。王恺是地道的西安人，个人擅长摇滚、民谣、布鲁斯、流行等风格，热衷音乐、教育、慈善事业。2018年登上全球火爆的华人音乐节目《中国好声音》，获得李健、周杰伦两位导师的转身，李健定义他浑然天成的音乐形式为肉夹馍音乐。

7. 助力抗疫，公益营销

（1）抗疫艺术作品展

致敬英雄，守护家园。2020年3月21日下午14时，由西安曲江新区管理委员会主办，西安美术馆、西安曲江文化产业发展中心、西安现代唐人街管理有限公司承办的“致敬·守望”主题艺术展览作品评选工作在西安美术馆负一层会议室顺利开展。专业评审委员会主任郭线庐、秘书长杨超、评审委员贺丹、杨锋、冯民生、胡武功、刘西洁、吕智凯8位专家莅临现场，进行作品的专业评审。

此次展览共计收到作品560件，其中包括中国画、油画、版画、雕塑、摄影、水彩、装置、平面设计等多类别的作品。专家评审委员会通过线上筛选的方式，按照投稿作品的主体性、原创性和艺术性三个角度进行筛选，最终保留412件作品，其中218件摄影作品和194件绘画综合类作品，进入线下评审环节。

此次展览活动采取全国特邀、全国征集的形式和文化作品展览的方式，为大众呈现这场战疫的丰富形态。通过借助充满温情、富有温度的大众视角，全方位、多层次地展现和凝聚文化抗疫的精神力量。在作品征集、评审的过程中，能够感受到众多艺术家对抗疫情的使命感和责任感。

专业评审委员会主任郭线庐谈到此次活动意义时说道：“在目前抗疫形势依然严峻的情况下，这次展览作为艺术精神的体现，关心、关爱一线工作人员，用艺术手法长时间留存珍贵的点滴，这是艺术作品的社会价值，也是对冲锋在一线的白衣战士和众多工作人员最高的礼赞。”

（2）共唱公益歌曲《明天会更好》

大唐不夜城官方发布视频歌曲《明天会更好》，这首歌由大唐不夜城所有演职人员和演出的歌手演唱，不同的演职人员穿着特色的演出服饰动情演唱，为祖国祈祷。在歌曲的MV中也包含白衣天使、志愿者的身影，以及百姓戴口罩、量体温的画面。在特殊时期，在动人的歌声中，观看者心中暖意流淌，也坚信明天会更好。

第十四章 “老顽童”故宫的品牌年轻化营销策略

故宫博物院自2012年网红院长单霁翔任职以来，发生了诸多改变，尤其为大众所津津乐道的是在单院长的带领下所进行的营销方式的革新。无论是比着剪刀手卖萌的雍正、挤眉弄眼的康熙，还是故宫口红和一系列文创周边的问世，都成为时下年轻人所追崇的新兴时尚潮流。从庄严肃穆、望而生畏的紫禁城到耍贱卖萌、引领时尚的网红故宫，故宫博物院的品牌年轻化营销之路生动地呈现了“如果国宝会说话”的营销艺术。

一、悠久的历史，丰富的馆藏，一成不变的营销方式

北京故宫是中国明清两代的皇家宫殿，旧称紫禁城，位于北京中轴线的中心，始建于明成祖永乐四年（1406年），永乐十八年（1420年）建成，距今已有600年历史。北京故宫以三大殿为中心，占地面积72万平方米，建筑面积约15万平方米，有大小宫殿70多座，房屋9000余间。北京故宫是世界上现存规模最大、保存最为完整的木质结构古建筑之一，是世界三大宫殿之一，国家AAAAA级旅游景区，1961年被列为第一批全国重点文物保护单位，1987年被列入《世界文化遗产名录》。

故宫博物院以北京故宫为馆藏地址，于1925年10月10日成立，是在明朝、清朝两代皇宫及其收藏的基础上建立起来的中国综合性博物馆，也是中国最大的古代文化艺术博物馆，其文物收藏主要来源于清代宫中旧藏。北京故宫所藏珍贵文物达100万件有余，占中国全国文物总数的1/6。在全国保存一级文物的1330个收藏单位中，故宫博物院以8273件（套）高居榜首，并收有很多绝无仅有的国宝。故宫的一些宫殿中设立了综合性的历史艺术馆、绘画馆、分类的陶瓷馆、青铜器馆、明清工艺美术馆、铭刻馆、玩具馆、文房四宝馆、玩物馆、珍宝馆、钟表馆和清代宫廷

典章文物展览等，收藏有大量古代艺术珍品，是中国收藏文物最丰富的博物馆。故宫博物院在1949年以后进一步丰富了馆藏，截至2011年，文物总数达到1 807 558件，其中珍贵文物1 684 490件、一般文物115 491件、标本7577件。

悠久的历史和大量馆藏的珍贵文物使得故宫博物院在成立后的近百年间一直沿用自己严谨正派的高冷路线，除了传统的营销方式和严肃的历史正剧外，庄严肃穆的紫禁城很少出现在年轻大众的视野里。故宫在其艺术和历史厚重感的包装下，俨然成为毫无生气的600岁的老古董，而其文化产品亦因缺少趣味性和实用性难得年轻人垂青。

二、变革:“老顽童”故宫博物院的励志网红路

故宫的形象，正如大家都会联想到的庄严肃穆、宏伟气派、金碧辉煌、富丽堂皇、雄伟壮观、气势恢宏等词语一般，600年的悠长历史和封建王朝皇室家族的私人居所所产生的时间与空间上的距离感都使她难以与“亲民”二字相联系，这就导致在社交距离不断缩短的互联网时代，故宫逐渐拉大了与年轻大众互动接触的距离。而一篇《雍正：感觉自己萌萌哒》的公众号推文却使这座厚重的宫城一改往日形象，以轻盈活泼的姿态重回大众的视野。故宫是如何一步步将自己与年轻大众串联，以平易近人的形象成为大势网红的呢?

通过对故宫近八年来的营销事件的梳理，我们总结出网红故宫如下几条品牌年轻化营销策略。

1. 产品设计有新意：好玩且走心

文化创意产业（CACI，Cultural and Creative Industries），是一种在经济全球化背景下产生的以创造力为核心的新兴产业，强调一种主体文化或文化因素依靠个人（团队）通过技术、创意和产业化的方式开发、营销知识产权的行业。随着文创产业的快速发展，文化创意产品越来越风靡于年轻的大众市场，这种富有创意、时尚、原创、非量产并富有商业价值的产品越来越受到市场的欢迎。

早在2008年的时候，故宫就在淘宝上线了“故宫淘宝”店铺开始售卖周边产品，但是那时候周边产品特色不强，因而销量也很一般。直到2013年“台北故宫”推出大受欢迎的“朕知道了”纸胶带，北京故宫才感受到文创产品创新的巨大潜力，于是开始紧跟社会化的玩法，放下高高在上的距离感，产品的策划设计开始变

得好玩且走心[1]。2015年8月，正值故宫博物院院庆90周年，故宫魔性周边走红。“如朕亲临”的旅行箱吊牌，朝珠形状的耳机，各式各样的带有皇宫色彩的生活用品及工艺品如缠口红胶带、御猫摆件、冷宫冰箱贴、真丝团扇等萌翻了整个80后和90后，故宫的文创产品销售额从2013年的6亿元增长到2015年的近10亿元[2]。

单霁翔在视频采访中回应故宫文创走红的秘诀有三：第一，不是简单复制藏品，要研究今天人们需要的信息和生活需求；第二，挖掘藏品内涵，寻找与今天社会生活的对接点，用文化影响人们生活；第三，不断追踪使用先进的科学技术手段，追寻无限远的传播能力。故宫将自己的文化和消费者日常息息相关的用品高度巧妙地结合起来，从趣味性和实用性两方面获得受众喜爱，以致每次上新产品，网友都抱怨钱包不够使：“故宫又来‘抢钱’了！”

2016年，故宫联手黎贝卡推出“故宫·猫的异想”限量版首饰，在故宫微店上线20分钟全线售空；“故宫·异想2017”手账不足4小时10000册就已全数售罄；2018年11月，故宫新出一本未卖先火的书《谜宫·如意琳琅图籍》，给读者以APP+实体书+实地游的新型体验。起初登陆众筹时目标是10万元，最终却奇迹般创下了2020万的众筹成绩，成为现象级案例被媒体争相报道。[3]

同时引得广大网友强烈呼声的是故宫彩妆。2018年12月9日，“故宫博物院文化创意馆”官方微信公众号推送一篇题为《故宫口红，真的真的来了！》的营销文章，推出的瞬间，即刻刷屏，登上微博热搜。故宫文化创意馆推出了故宫首款彩妆故宫口红，6种口红唇色（人鱼姬、郎窑红、豆沙红、枫叶红、碧玺色、玫紫色）均来自故宫国宝色，外观均从后妃服饰与绣品上汲取灵感，以黑、白、赤、青、黄五色体系，结合宫廷蓝为底色，上方由仙鹤、蝴蝶、瑞鹿、蜜蜂领衔出演，下方饰以绣球花、水仙团寿纹、地景百花纹、菊花、四季花篮等吉祥图案。上线一天不到，预订数超过1000支，第二天就已断货，买不到的故宫口红随即受到热捧。同时，一并推出的还有眼影、腮红等彩妆产品。而在故宫口红开售的两天后，故宫淘宝官方店铺发布了仙鹤系列彩妆，其中主打产品仙鹤口红当天就售出约65 000支，

---

① 故宫口红一夜爆红：老品牌如何进行年轻化的营销革新？［EB/OL］.［2018-12-13］. http://www.woshipm.com/marketing/1732548. html/comment-page-1.

② 故宫营销启示录［EB/OL］.［2019-02-20］. http://www.myzaker.com/article/5c6cb6a69e780b487c003b9c.

③ 故宫营销为何如此成功？［EB/OL］.［2019-04-02］. https://www.zhihu.com/question/37799252/answer/639391726.

在产品质量有保障的前提下，故宫的彩妆品牌很受市场欢迎，市场发展前景广阔。[①]

通过影视节目带货也是故宫走向大众的新尝试。2018 年综艺节目《上新了，故宫》中打造出了一个个基于故宫文化的文创产品，在淘宝上众筹售卖。第一期故宫和百雀羚联名打造的美什件在节目播出后 1 小时，第一批 5000 件产品以平均每套 2000 元的价格销售一空。后续的“畅心睡眠系列”睡衣在淘宝上线仅一个月，项目认筹人数就达到了 15 731 人，筹款超过 878 万元。[②]

除了依托故宫文化设计开发创意产品外，故宫也开始开设自己的咖啡门店。2018 年 12 月 1 日，位于故宫博物院神武门外的故宫角楼咖啡店正式营业。该咖啡厅虽以故宫为名，但内部装修不显奢华，隔扇、灰砖、木椅，一应陈设以简约为主。《千里江山图》不仅是壁纸主图，同时也映射在房梁的轻幔上。室内空间较大，可同时容纳 40 人左右。各种以宫廷文化命名的饮品茶点均体现出这座咖啡馆的特色。[③]

故宫带货的成功，再次证明紧跟社会化玩法革新的优质产品，是能不断拉近品牌和消费者的距离的。持续优质的内容输出，为故宫的文创产品提供了良好的社会化消费氛围，同时优质的文创产品，让消费者更直观地通过产品触达故宫老品牌的文化和故事，形成内容和产品良性的相辅相成。据悉，故宫博物院文创产业在 2017 年已创下 15 亿营业额。[④]

2. 营销内容接地气：潮且有态度

（1）社会化娱乐

2014 年 8 月 1 日，一篇《雍正：感觉自己萌萌哒》的文章，让平均阅读量四位数的故宫有了第一次的 10 万 +。推送中，比着剪刀手的雍正、挤眉弄眼的康熙等表情包，一炮而红，萌化众人。《雍正行乐图》被做成 gif，雍正在河边洗脚、喂猴子，并配上“朕……脚痒……”的接地气文案。

故宫所运用的正是反差营销。将以往高高在上、严肃的皇帝形象，通过数字技术，与现代流行的生活方式相结合，让静态古画中的雍正帝活了起来，并配上了活

① 一年能卖出 10 亿的销售背后，故宫创意营销手段有多重要？［EB/OL］.［2018-10-17］. https://www.jianshu.com/p/0f1f93833054.

② 600 岁故宫成新晋网红，你知道它有多努力吗？［EB/OL］.［2018-12-12］. https://www.ifanr.com/1145622.

③ 故宫角楼咖啡开门迎客［EB/OL］.［2018-12-04］. https://baijiahao.baidu.com/s?id=1618909608541269054&wfr=spider&for=pc.

④ 故宫口红一夜爆红：老品牌如何进行年轻化的营销革新？［EB/OL］.［2018-12-13］. http://www.woshipm.com/marketing/1732548. html/comment-page-1.

泼的解说词，激发更多年轻人主动了解历史文化的兴趣。同时也把故宫的品牌，以这种轻盈、活泼的风格进行有效推广。在卖萌与文化传承中找到一个适度的契合点，激发人们的文化热情，探索出了一条文创发展的有效路径。①

“反差萌”大获成功后，故宫新媒体走上了“卖萌耍贱节操碎一地”的“不归路”。故宫的社交媒体沿用这种保持着历史与现代相碰撞的营销风格，宫女摆剪刀手，鳌拜比心，雍正卖萌……把严肃的历史和人物从社会化和娱乐化的角度诙谐展现，构建出受年轻人喜欢的“软贱萌”的日常画风。

（2）老故事传承

如果说社交媒体是展现故宫好玩逗趣的一面，那么故宫的精深历史和文化底蕴则在其系列 APP 上得到更好的呈现。2013 年 5 月，故宫博物院发布一款 APP 应用“胤禛美人图”。APP 主体是 9 幅胤禛美人图的立轴画卷展现，画面可以全屏观赏，还可以用鉴赏模式激活一个虚拟的放大镜进行细节观赏；每一幅图片还带有画面构图以及绘画的鉴赏文字，充分展现了多媒体技术为现代电子出版物带来的特殊阅读体验。② 后来更多的 APP 陆续打开宫门:《紫禁城祥瑞》《故宫陶瓷馆》《每日故宫》《故宫展览》《清代皇帝服饰》《韩熙载夜宴图》……文物的历史、造型以及展览信息等都能在 APP 上获取，这都代表着故宫文化正在以更年轻化的形式得到传承。

除了自己开发产品，故宫还与腾讯、网易等公司展开合作，以移动应用为桥梁，将故宫文化传播给更多的人。仅腾讯方面，双方就有十余款 APP 展开过合作。2016 年 8 月，腾讯推出“天天爱消除”故宫主题特别版，将金水桥、太和门等故宫建筑有机地融入游戏中，一经推出，游戏参与量达到近 2000 万；之后又推出“奇迹暖暖”养心殿主题，故宫授权“清代皇后朝服”和“胤禛美人图”形象，让 4000 万用户“穿上”故宫珍藏华服，深刻感受中国文化瑰宝的魅力；“天天 P 图”精选二十件国宝，结合它们五彩斑斓的红，打造别具一格的故宫红唇彩，千万人次参与体验试色，感受色彩背后的历史气息和文化韵味；游戏开发方面，故宫联合腾讯合作研发“故宫：小小宫匠”，融入故宫真实场景，玩家通过简单的遥控操作，即可搭建出养心殿、慈宁宫等著名宫殿，化身小宫匠，亲身体验故宫建筑美学；与网易联手，推出手游“绘真·妙笔千山”，这是一款以故宫藏品千里江山图为创作蓝本

① 600 岁故宫成新晋网红，你知道它有多努力吗？［EB/OL］.［2018-12-12］. https://www.ifanr.com/1145622.

② 故宫口红一夜爆红：老品牌如何进行年轻化的营销革新？［EB/OL］.［2018-12-13］. http://www.woshipm.com/marketing/1732548. html/comment-page-1.

的互动叙事类游戏，在还原古画意境的同时带给玩家趣味盎然的游戏体验，获得网友一致好评。登录苹果 APP Store 仅一天的时间，就成功拿下游戏榜榜首位置。①

（3）匠心依旧

故宫的文化载体离不开文物，关于现存文物保护修葺的幕后工作，在 2016 年播出的纪录片《我在故宫修文物》中得到了全面准确的呈现。其中最突出的是修文物故宫人的匠心和坚持，让人自然联想到故宫文物在历史创作中的初心、不易和坚守。文物纪录片叫好又叫座，在国内来说很少见，但是《我在故宫修文物》不仅收获了豆瓣 9.3 的高分，在央视播出的收视率一期比一期高，而在 B 站的二次传播下，其播放量和热度更是成功出圈，出乎意料地收获了众多年轻人群的好评。②

老品牌的年轻化，不是舍本逐末，内容适度社会化的同时，更应该保持住品牌创始的根，传播传承之念，不忘初心。

3. 营销方式年轻化：耍宝卖萌强互动

在互联网时代为了快速打入年轻群体，故宫综合使用影视营销、节事营销、借势营销等营销策略，以新媒体工具为营销手段，成功使故宫文化出圈，吸引了一大批年轻粉丝，成为网友心目中当之无愧的新晋网红。

如前文所述，故宫官方社交媒体在塑造出“耍宝卖萌”的反差形象后在互联网上一炮而红，后续的一系列营销活动则将接地气与亲民的故宫形象发挥得淋漓尽致。

（1）微信朋友圈的营销裂变

2016 年 7 月，故宫与腾讯合作推出的 H5《穿越故宫来看你》以最复古最贱萌的风格刷爆朋友圈，明成祖朱棣从画像中跳出来，唱着 rap，玩着自拍，用微信、QQ 与后宫妃子和前朝大臣联络。至此，禁锢在紫禁城中的故宫，与宫墙外面的世界、与年轻人之间的距离更加亲密了。《穿越故宫来看你》上线一月狂揽 347 万浏览量，成为 2016 年的刷屏级社交案例，使故宫的品牌形象达到了新的高度。③

（2）影视营销 + 新媒体

2016 年 1 月，讲述故宫文物修缮故事的纪录片《我在故宫修文物》在 CCTV 9 播出。爱看纪录片的年轻人不多，爱了解文物历史的年轻人更少，但这部文物纪录

① 玩爆跨界营销的故宫为何如此出彩？［EB/OL］.［2019-01-18］. https://zhuanlan.zhihu.com/p/55198309.

② 一年能卖出 10 亿的销售背后，故宫创意营销手段有多重要？［EB/OL］.［2018-10-17］. https://www.jianshu.com/p/0f1f93833054.

③ 玩爆跨界营销的故宫为何如此出彩？［EB/OL］.［2019-01-18］. https://zhuanlan.zhihu.com/p/55198309.

片却圈了无数年轻粉丝：不仅收获了豆瓣 9.3 的高分，通过 B 站的二次传播，播放量达到 683.9 万，弹幕总数远超 7 万条。这是故宫在互联网时代第一次从幕后走向台前，在这个营销初见成效后，故宫在视频板块持续发力，2017 年九大博物馆助阵故宫推出《国家宝藏》，向观众展示了美轮美奂的国宝图鉴；2018 年底推出《上新了 · 故宫》，零距离探寻故宫历史文化，设计师联手高校学生，每期诞生一个文化创意衍生品"有新意、有新知""用创意让'故'宫焕发出新的意趣"。一经播出成为 2018 年收官之际的文化爆款，节目主话题"上新了故宫"位列微博总榜 Top1、阅读量突破 6.5 亿。此外，故宫也深度参与《如果国宝会说话》百集纪录片，从匠人师傅、藏品呈现、文化背景的不同角度，演绎着文物背后中华民族悠久岁月中的动人故事。①

中华民族五千年的文化精髓，其内涵与底蕴，是快餐式的网络文化所缺少的，同时受到新媒体用户的广泛关注。这些综艺、纪录片所讲述的那些真实的文物故事和历史文化是真正有历史沉淀价值的内容，这也正是故宫 IP（Intellectual Property，知识产权）的价值所在。

（3）精准打开流量入口

2016 年《我在故宫修文物》中的钟表馆的王津师傅受到年轻人的热烈欢迎，被亲切地称为"故宫郑少秋"。故宫尝到这个营销甜头之后，为了精准吸引年轻用户，开启了与当红明星偶像合作的营销策略。

2018 年 7 月 25 日，故宫与易烊千玺合作歌曲《丹青千里》，将《千里江山图》幻化成一曲恢宏壮阔的《丹青千里》，视听萦绕将大国底蕴传递。故宫博物院首次与艺人合作，获得了很好的反响，话题"丹青千里"在微博上阅读量达 7.5 亿次。同年，《上新了 · 故宫》中邀请当时当红的艺人偶像周一围和邓伦作为故宫兄弟，每期邀请一名嘉宾一起探索故宫尚未公开的区域，既能以明星艺人为噱头吸引粉丝，又可以满足观众猎奇探秘的心境。②

（4）承包微博热搜

2018 年 7 月 2 日，故宫博物院在其运营的"故宫宫喵白点儿"的微博中，发布消息，"对不起，还是没能留住它……"宣布网红故宫猫白点儿去世。随即便引发

① 一年能卖出 10 亿的销售背后，故宫创意营销手段有多重要？［EB/OL］.［2018-10-17］. https://www.jianshu.com/p/0f1f93833054.

② 一年能卖出 10 亿的销售背后，故宫创意营销手段有多重要？［EB/OL］.［2018-10-17］. https://www.jianshu.com/p/0f1f93833054.

了全民回忆白点儿。如今“故宫宫喵白点儿”的微博新添了其他宫猫的身影，依旧有大量点赞和传播[①]。而故宫官方微博“故宫博物院”的流量更是不在话下，还时不时会登录微博热搜，尤其在下雪的日子里，不仅北京下雪要上热搜，其他城市下雪也会被刷上热搜。故宫全新的打造，仿佛给故宫注入了全新的血液，数据显示，在2018年参观故宫的人数达到1700万人，有40%是30岁以下的年轻人，可见在其营销策略的助推下，故宫完全俘获了年轻人的芳心[②]。

（5）节事营销 + 新媒体

2019年春节，故宫推出己亥春节大型展览“贺岁迎祥——紫禁城里过大年”。为了还原、营造宫廷年节场景，同期展出了破纪录的885件（套）文物，还复原了高数米的“天灯”“万寿灯”，重要宫门也贴上了“门神”。在展览形式方面，引入了互动沉浸内容，以故宫藏品为原型，结合数字投影、虚拟影像、互动捕捉等，有了更趣味的观展方式。在整个春节期间，故宫每天游客都达到限流上限8万人，大年初一故宫游客同比增长42.9%。[③]

同样，2019年元宵节前夕，故宫发布“紫禁城上元之夜”文化活动。这是故宫博物院建院94年来举办的首次灯会，同时也是紫禁城古建筑群首次在晚间被较大规模点亮、首次在晚间免费对预约公众开放。[④]

除了大型节事活动外，故宫还与腾讯NEXT IDEA、QQ音乐合作，携手打造音乐创新大赛，与网易新闻推出“奉旨看球”的H5、与抖音联合推出“第一届文物戏精大会”等小型赛事活动[⑤]。

（6）快准稳的借势营销

2018年大火的古装剧《延禧攻略》播出之后，延禧宫成了游客争相打卡的宫殿。故宫很快嗅到这一热点，线上微博互动，线下为了给游客提供更好的游览体验，故宫博物院专门在延禧宫前竖起了一块标志牌，并在上面发布了延禧宫内主要建筑——灵沼轩的虚拟现实体验二维码，游客扫描二维码后，就可以通过手机全景观看灵沼轩修复后的样子。[⑥]

---

① 玩爆跨界营销的故宫为何如此出彩？[EB/OL].[2019-01-18]. https://zhuanlan.zhihu.com/p/55198309.

② 故宫的年轻化式营销，你被套路了吗？[EB/OL].[2019-01-20]. https://www.sohu.com/a/295907951_518595.

③ 故宫的年轻化式营销，你被套路了吗？[EB/OL].[2019-01-20]. https://www.sohu.com/a/295907951_518595.

④ 玩爆跨界营销的故宫为何如此出彩？[EB/OL].[2019-01-18]. https://zhuanlan.zhihu.com/p/55198309.

⑤ 玩爆跨界营销的故宫为何如此出彩？[EB/OL].[2019-01-18]. https://zhuanlan.zhihu.com/p/55198309.

⑥ 故宫营销启示录[EB/OL].[2019-02-20]. http://www.myzaker.com/article/5c6cb6a69e780b487c003b9c.

无论是微博、微信、H5、影视宣传等线上社会化的营销玩法，还是线下的场景广告植入、节事活动、创新大赛等，故宫都持续地在品牌传播方面积极发力。

4. 跨界合作常态化：跨界联名小王子[①]

作为皇家宫殿的故宫，跨界营销也是打破刻板印象、塑造反差形象的一大战略。

（1）故宫 × 奥利奥

故宫和奥利奥联名推出多种新口味饼干，奥利奥甚至用 10 600 块饼干，历时 26 天，建造了一座“可以吃的故宫”。

（2）故宫 × 卡地亚

2019 年 5 月 31 日，“有界之外：卡地亚——故宫博物院工艺与修复特展”在故宫博物院五门展厅前开幕。“有界之外”这个名称来源于故宫博物院钟表修复团队在与卡地亚进行合作交流时的真实感悟。“有界之外”，探索时间和历史的奥妙，打破时间和文化的界限，深刻领会文化的深韵和艺术的创造力。

（3）故宫 × 毛戈平

故宫与毛戈平联名推出的系列彩妆，完美诠释了中国风。丝绒雅致口红，管身花纹灵感分别来自素三彩、海蟾纹、三足洗，以及清宫鸟谱上的兰花元素图样。而且膏体本身还印上了祥云的纹样，还有各种正宫娘娘色号。玉韵红盘腮红，完美复刻了剔红水仙圆盘，美感和质感都是上好佳品。彩妆已经是每个女生必备的用品，故宫的文化属性与毛戈平的彩妆品质的融合，既凸显了传统文化的传承，又洋溢着年轻人的青春个性。

（4）农夫山泉 × 故宫

2018 年 8 月，农夫山泉联合故宫推出了几千万瓶“故宫瓶”，在全国上架发售。这套限量版的故宫瓶共有九种，九幅馆藏人物画作，配以现代化温情解读，让消费者与宫廷中的帝王后妃们来一次“瓶”水相逢。新奇的跨界，出彩的文案，农夫山泉“故宫瓶”一经推出，便吸引了广大网友的目光。[②]

此外，故宫还推出了自己的输入法皮肤、故宫漫画、故宫游戏等，以一种轻松娱乐的方式在无形中传播故宫文化，打破刻板印象，树立起一个与时俱进的潮流古人形象。

---

① 超级网红故宫，跨界营销大盘点！［EB/OL］.［2019-10-16］. https://www.meihua.info/article/3430394654802944.

② 玩爆跨界营销的故宫为何如此出彩？［EB/OL］.［2019-01-18］. https://zhuanlan.zhihu.com/p/55198309.

近年来，跨界已经成为最潮流的营销方式之一，从传统到现代，从东方到西方，跨界的风潮愈演愈烈，代表一种新锐的生活态度和审美方式的融合。跨界营销不仅是一种营销手段，更是一种商业思维。各大品牌、各个行业之间的强势联盟也为品牌的宣传带来了全新的思路。

第十五章　重庆洪崖洞整合营销案例①

一、案例背景

洪崖洞原名洪崖门，因其独具特色的巴渝建筑风格和民俗风貌特色以及悠久的历史，被评为国家4A级旅游景区，兼具观光旅游、休闲度假。但在最初，洪崖洞并没有因其历史价值及文化价值为人所知。20世纪40年代，在水路贸易发达之下，洪崖洞出现了短暂的发展高潮，吊脚楼建筑群也在这个时候渐渐形成。但这样的繁华并没有持续多久。

2006年洪崖洞商业街项目由小天鹅集团承接，由李向北先生主持。重新设计的洪崖洞增加了有巴渝传统特色风格的摩岩联排吊脚楼建筑群。在洪崖洞更新设计的过程中，通过巧妙构思以及精巧的山地建筑手法，把洪崖洞观赏功能与其他功能结合得更加紧密，把餐饮、娱乐、休闲、保健、酒店和特色文化购物六大业态有机整合在一起，将洪崖洞打造成为极具特色的“立体式空中步行街”，使其成为具有层次与质感的城市景区。

但重建后的洪崖洞并没有即刻引起游客关注，不温不火的情况一直到2015年。随着洪崖洞在抖音、微信等媒体的持续刷屏，“10条抖音，9条重庆”的爆点传播使洪崖洞出现在人们视野中。据抖音联合清华发布的《短视频与城市形象研究白皮书》显示，2018年重庆有21条视频进入抖音城市形象热门视频TOP100的榜单，是唯一一个城市形象相关视频播放量过百亿的城市。2018年“五一”小长假期间，洪崖洞游客量破8万，仅次于故宫。而早在假期前，洪崖洞的相关视频就已在抖音上获得疯狂点赞，评论区热度一直不减。小长假后，有关洪崖洞的视频播放更加频繁。截至2018年6月，抖音上的“重庆洪崖洞”挑战有28 406人参与，总点赞数高达数千万。在新媒体营销的助力下，洪崖洞终于在2018年成为非去不可的网红

---

① 许曦．短视频营销与网红景点的打造：以洪崖洞景区为例［J］．中外企业家，2019.

打卡地。

二、营销策略

（一）联系大热 IP，打造新形象

洪崖洞与知名动画《千与千寻》的渊源是洪崖洞较为重要的热度来源之一。这一时期，90 后，00 后习惯于从知乎了解他们认为权威的、个性的知识，洪崖洞与动画《千与千寻》的汤屋形象的接近引起了知乎上网友的激烈讨论，越来越多的相似点被网友找出，经过两年左右的发酵，洪崖洞渐渐与顶级大热的 IP《千与千寻》产生了联系。在此背景下，洪崖洞开始在社交圈发力，微信朋友圈与公众号中“千与千寻奇幻之镇”的推送不断刷屏，洪崖洞终于完成了从重庆夜游景点到“千与千寻”奇幻之镇 IP 形象的转变。这一转变通过知乎、微信朋友圈、公众号、微博迅速被 90 后、00 后察觉，引起极大反响。《千与千寻》这一经典动漫的影响力使得洪崖洞热度更高。

（二）旅游垂直网站继续助推，开展新一轮 IP 预热

洪崖洞除了借力增强热度之外，旅游垂直网站对其的新一轮助推也十分重要。90 后、00 后是被移动互联网时代影响的几代，在这样的影响下，旅游者消费习惯也从以往的以跟团游为主的“套餐式”消费转变为以自由行为主的“单点式”消费。在此期间，大量提供旅游信息、旅游攻略的旅游垂直网站如马蜂窝、穷游网，开始高频次被用户提及。2016 年，马蜂窝旅游攻略中出现了大量洪崖洞的照片与游记，日漫经典现实取景地的话题让有闲、追求享受的年轻人心动不已，加之社交圈子的刺激，旅游者对洪崖洞兴趣更足，洪崖洞在新 IP 的助推下，其关注超越了解放碑、朝天门等重庆传统旅游地，开始了新 IP 的预热之旅。

（三）社交媒体 + 饥饿营销，洪崖洞正式全面引爆网络

在知识圈层与垂直旅游网站的助力下，洪崖洞热度不断攀升。短视频的助力使得洪崖洞为更多人所知。简单易用且功能丰富的抖音、快手等短视频软件，使游客将与洪崖洞相关的素材拍摄得更为高级，使洪崖洞的旅游形象变得更为具体。实时分享互动，洪崖洞相关视频在圈层中迅速裂变、极速传播，洪崖洞的《千与千寻》打卡，引领了抖音的时尚潮流，与此同时，众多游客慕名而至，门票传闻形成了饥

饿营销效应，微信朋友圈、微博圈、头条、各类公众号的宣传使得大规模人潮在洪崖洞拥堵，洪崖洞正式全面引爆。

三、面临的问题

（一）如何延续流量

与之前不温不火的洪崖洞相比，洪崖洞目前的盛况虽有原因，但仍然有点突然，如今摆在洪崖洞运营前的问题在于：当人气和热度已经不再是洪崖洞发展的问题后，洪崖洞应该怎样保持流量、抓住流量，更进一步讲，洪崖洞需要明确游客需求、产品定位以及盈利模式等诸多问题。

（二）巨额流量如何实现最大化变现

洪崖洞出现在大众视野后，给景区周围的酒店、旅行社等产业带来了可观的收入，但巨大的人流带来的不仅是收入，还有对人流的制约。除此之外，由于洪崖洞在抖音等视频软件的火热，游客前往洪崖洞的主要目的是打卡拍照，再加上对人流的管控，洪崖洞流量变现面对着极大的困难，洪崖洞如何最大化发挥重庆都市旅游集散地功能，从流量和热度中找回洪崖洞属于景点的模样是极为关键的。

四、发展建议

（一）向流量借力，回归商业开发的底层逻辑

从目前洪崖洞的现状来看，当务之急是稳住流量，同时回归商业开发的底层逻辑，寻找流量变现的有效渠道，要在流量和热度中冷静下来，探索洪崖洞依靠流量优势开启网红景区的商业化路径的课题。

（二）重构景区商业生态

洪崖洞的发展与传统旅游景区打开方式不同，它的热度是由游客赋予的，洪崖洞要继续发展重点就在于洪崖洞须靠自身去生产热点：借助此次的流量，以巴渝文化为基础，进一步将洪崖洞与“千与千寻”“天空之城”等IP结合，从游客角度搜寻信息点，重构商业生态。

五、启示

（一）在旅游上，得年轻人者得天下

一座城市有没有让年轻人“说走就走”的魅力，说明了它在旅游市场的分类。据统计数据显示，90后早已开始主导景区出游市场，2018年清明节预订景区门票的游客，90后占比最高，达到40%；其次是80后，占比为37.3%。短视频软件的目标人群是年轻人，年轻人对新事物、新玩法充满好奇，这也是短视频软件可以助力旅游的重要原因。旅游景点，自然的、人文的，平庸不可怕，可怕的是无趣。

（二）景点本身差异化才是根本

被视频软件带火的景区是被网友创造的，而不是被城市规划打造出来的。之所以会这样是因为网友发现了城市的独特个性和差异。未来中国的旅游市场前景广阔，景点差异化极为重要。

（三）营销的重要性不可忽视

衡量一个城市的实力有很多因素，经济、文化、交通等皆是，但对于现在信息爆炸的现状，一个城市的自我营销能力越来越重要，没有热度的城市，发展会受到阻碍。发展旅游是欢迎人来做客，怎样让人知道这座城市也是十分重要的。

参考文献

［1］宫承波，刘姝，李文贤．新媒体失范与规制论［M］．北京：中国广播电视出版社，2010.

［2］2019 中国互联网发展报告［EB/OL］．［2019-08-17］．http://www.360doc.com/content/19/0817/18/37788672_855520330.shtml.

［3］"一部手机游云南"斩获国际大奖［EB/OL］．［2019-10-28］．https://baijiahao.baidu.com/s?id=1648597694956084867&wfr=spider&for=pc.

［4］陈明明．从内容生产模式看短视频商业营销策略［J］．中国广播电视学刊，2019.

［5］潘悦．海口旅游官方网站营销功能研究：基于旅游者需求角度［J］．旅游纵览（下半月），2017（10）：67-68.

［6］李东瑾，毕华．海南 A 级旅游景区官方网站营销资讯的组合策略分析［J］．旅游研究，2017.

［7］刘亚斐．基于层次分析法的旅游官网评价指标体系构建研究［D］．长春：东北师范大学，2013.

［8］王亚．旅游目的地官网营销功能评价研究［D］．济南：山东大学，2014.

［9］李君轶．基于游客需求的旅游目的地网络营销系统评价：以我国省级旅游官网为例［J］．旅游学刊，2010.

［10］微博发布 2019 年第三季度财报［EB/OL］．［2019-11-14］．http://finance.sina.com.cn/stock/usstock/c/2019-11-14/doc-iihnzahi0884153.shtml.

［11］鲍中义．微博的社会功能探析［J］．新媒体研究，2018.

［12］赵迎希．微博营销浅析［J］．中国商论，2018.

［13］杨丽，吉小叶．旅游目的地官方微博营销浅析：以省级旅游局官方微博为例［J］．吉林工商学院学报，2015.

［14］杨永超 . 微博背景下的旅游目的地整合营销策略探究［J］. 市场研究，2015.

［15］李炳义 . 新媒体在旅游目的地营销中的应用研究：以微博为例［J］. 开发研究，2014.

［16］大兴安岭如何借力微博营销，搅热东北旅游经济？［EB/OL］.［2017-04-09］. https://mp.weixin.qq.com/s/TQiRl_tCZoI2e7aLfrwEHg.

［17］北欧四国微博营销活动成功吸睛三千万［EB/OL］.［2016-09-29］. https://mp.weixin.qq.com/s/NH9q-cqoS3UrCrX_vxOkvg.

［18］雷苗苗 . 论“互联网 +”市场经济下企业微信营销的必要性［J］. 中外企业家，2019.

［19］吴莲莲 . 移动社交下的微信电商营销模式研究［J］. 现代营销（经营版），2019.

［20］曾阳 . 基于微信的企业市场营销战略创新分析［J］. 中国管理信息化，2019.

［21］王丽莉 .“互联网 +”背景下企业微信营销现状及对策分析［J］. 智库时代，2019.

［22］陈炯钊 . 短视频 APP 的传播模式及特征：以抖音 APP 为例［J］. 新闻研究导刊，2020，11（05）：80-81.

［23］张雨萌 . 短视频 APP 的营销推广模式分析：以抖音为例［J］. 传媒论坛，2018，1（09）：174-175.

［24］抖音短视频营销怎么玩？对旅游营销的启示［EB/OL］.［2018-06-18］. https://www.sohu.com/a/236311628_764974.

［25］城市当网红，抖音短视频创造新的营销模式！［EB/OL］.［2018-06-12］. http://baijiahao.baidu.com/s?id=1603071508370472193&wfr=spider&for=pc.

［26］品橙旅游 . 马蜂窝 &ZAKER：联合发布国庆旅游趣味报告［EB/OL］.［2019-10-10］. http://www.pinchain.com/article/204224.

［27］李琳静 .“网红式”旅游目的地形象提升的思考：以重庆洪崖洞景区为例［J］. 全国流通经济，2019（18）：134-135.

［28］旅游目的地的营销的新玩法：抖音能否让目的地爆红［EB/OL］.［2018-04-25］. http://www.tripvivid.com/articles/14616.

［29］广告营销圈 . 2018 快手大数据报告（完成版）［EB/OL］.［2019-02-17］. https://www.sohu.com/a/295239939_441449.

［30］邢小强，张竹，周平录，等 . 快手科技：追求公平普惠的“隐形”之手［J］.

清华管理评论，2020.
［31］快手．“带货状元”梁建章，快手直播 1 小时 GMV 超 2201 万背后［EB/OL］．［2020-04-15］. https://mp.weixin.qq.com/s/pJJg07qobGNsMy8K7G7y1g.
［32］快手．技术赋能旅游生态产业快手与张家界达成战略合作［EB/OL］．［2018-07-31］. https://mp.weixin.qq.com/s/R-G5xx4MqUgwbQCUTg3YVQ.
［33］宣玲．中小企业直播营销的主要作用及对策：基于社群经济视角［J］．安徽科技，2017.
［34］舒仕斌，陈矩弘．出版业网络直播营销的思索与展望［J］．科技与出版，2017.
［35］谭畅，贾桦，杜港，等．浅析网络直播的定义、特点、发展历程及其商业模式［J］．现代商业，2018.
［36］骆靖，宋倩，王笑楠．网络环境下事件营销策略浅析［J］．企业导报，2012.
［37］王艺琳．2016 年直播营销价值报告［J］．互联网天地，2017.
［38］肖红艳．基于新媒体的城市旅游目的地整合营销探究［J］．北京第二外国语学院，2017.
［39］科特勒，凯勒．营销管理［M］.13 版．王永贵，等，译．上海：格致出版社，2009.
［40］范红召．粉丝经济时代网络直播营销策略及模式研究［J］．现代经济信息，2018.
［41］周懿瑾，陈嘉卉．社会化媒体时代的内容营销：概念初探与研究展望［J］．外国经济与管理，2013.
［42］尹峙．“互联网 +”背景下旅游目的地的旅游直播营销研究［J］．经贸实践，2017.
［43］蒙涓．浸入式体验下的“旅游 + 直播”新场景营销模式分析［J］．市场论坛，2017.
［44］北京商报网．花椒直播发布平台战略［EB/OL］．［2016-06-19］. http://www.bbtnews.com.cn/2016/0619/151594.shtml.
［45］腾讯财经．直播 + 网红长隆开启精准营销新模式［EB/OL］．［2016-07-01］. https://finance.qq.com/a/20160701/045312. htm.
［46］环球旅讯．直播风口下，躬身入局的 OTA 都是怎么玩的？［EB/OL］．［2020-04-07］. https://www.traveldaily.cn/article/136917.
［47］携程黑板报．副市长与梁建章湖州直播带货 2691 万！“很拼”背后，展

现旅业复兴深逻辑［EB/OL］.［2020-04-02］. https://mp.weixin.qq.com/s/VR6pWS9_G9yH7CNFRRhCY.

［48］奇妙的冰雪之冠冬季直播旅游营销案例［J］. 国际公关，2017.

［49］中新网黑龙江新闻. 中国首部大型冰雪直播秀“奇妙的冰雪之冠”荣获数字营销奖［EB/OL］.［2017-10-30］. http://www.hlj.chinanews.com/hljnews/31958.html.

［50］丁毓. 马蜂窝用“内容＋交易”打造下一个风口［J］. 上海信息化，2018.

［51］谢敏. UGC 型移动旅游客户端的传播现状及效果研究［D］. 成都：成都理工大学，2019.

［52］张露萍. 旅游类垂直社交媒体平台的互动发展模式分析：以马蜂窝旅游为例［J］. 传媒，2019.

［53］刘作红. 分析社区营销的实质与模式［J］. 中国市场，2020.

［54］陈罡. 马蜂窝用户＋社交＋个性［J］. 成功营销，2014.

［55］产品分析报告“社交＋电商”的小红书是如何脱颖而出的？［EB/OL］.［2019-02-13］. http://dy.163.com/v2/article/detail/E7T6H7BE0511805E. html.

［56］解读“小红书”从社区到电商对旅游行业的启发［EB/OL］.［2018-03-10］. http://www.369788.com/Article-detail-id-852319. html?from=timeline&isappinstalled=0.

［57］抖音快手淘宝直播小红书微信微博：最全新媒体运营指南［EB/OL］.［2020-4-13］. https://mp.weixin.qq.com/s/4zInh0qyKBrIxNeuUoq4RA.

［58］品牌方玩转小红书，看这一篇就够了［EB/OL］.［2019-03-28］. https://mp.weixin.qq.com/s/UMioGk3-9CNuMHH1RhYdCA.

［59］钱婧，王舒一. 新型分享式社交媒体在旅游目的地营销中的应用探究：以抖音和小红书为例［J］. 中国市场，2019.

［60］全国首个小红书“网红城市”花落湖州［EB/OL］.［2020-04-14］. https://mp.weixin.qq.com/s/bIR-r5o2-V9E8FO5EkXM2Q.

［61］被小红书“种草”的台州，到底有多好玩？都去打卡了吗？［EB/OL］.［2020-04-15］. https://mp.weixin.qq.com/s/qkc0nfSMtzCUBaSmQnfAQg.

［62］巨量引擎营销观察. 今日头条与天津网信办战略合作启动“了不起的城市·天津”［EB/OL］.［2017-05-09］. https://mp.weixin.qq.com/s/p24eji8MDwAY5dFaemvjjg.

［63］巨量引擎营销观察．今日头条“了不起的城市”首站落地绍兴千城千面解读城市风貌［EB/OL］．［2017-04-19］．https://mp.weixin.qq.com/s/d37Li8DukaiefXcOg1OCIA.

［64］巨量引擎营销观察．“了不起的城市”覆盖了大半个中国，与你一起挖掘城市活力［EB/OL］．［2017-08-22］．https://mp.weixin.qq.com/s/ZZpBbUFliEuTevtdEDFKug.

［65］今日头条营销中国行经典案例，带你发现区域营销之美！［EB/OL］．［2018-08-19］．https://www.sohu.com/a/248756984_158817.

［66］哔哩哔哩，年轻人的“百科全书”［EB/OL］．［2020-04-16］．http://www.woshipm.com/evaluating/3713768. html.

［67］邱奕飞．浅谈情感营销在哔哩哔哩弹幕网站中的应用［J］．现代商业，2019（15）：14-15.

［68］李洋，宋永琴．手机视频平台旅游产业特色及发展契机：以 bilibiliyoo 为例［J］．科技传播，2016，8（07）：63-88.

［69］《国家宝藏》引发博物馆旅游搜索量激增 50%［EB/OL］．［2017-12-21］．http://www.gucn.com/Info_ArticleList_Show.asp?Id=93401.

［70］文化旅游的消费升级战略，热门 IP《国家宝藏》来助力［EB/OL］．［2018-12-25］．https://www.sohu.com/a/284427613_100170150.

［71］抖音为 Vlog 开测 5 分钟长视频？解读 Vlog 的前世今生［EB/OL］．［2019-01-02］．http://www.woshipm.com/it/1799453. html.

［72］邱敏，张翔．Vlog：一种内容营销的新形态［J］．青年记者，2019.

［73］品牌如何做好 VLOG 营销？［EB/OL］．［2019-06-10］．https://blog.csdn.net/chinapr_home/java/article/details/91389704.

［74］TraveliD 视频剧组：Nike 手环广告［EB/OL］．［2016-11-18］．https://v.qq.com/x/page/e03477lqj43. html.

［75］品牌如何用 VLOG 做营销，这 6 个思路可以借鉴［EB/OL］．［2018-12-24］．https://socialbeta.com/t/103536.

［76］万物皆 Vlog，品牌怎么玩？［EB/OL］．［2019-07-24］．https://www.adquan.com/post-2-286345. html.

［77］Vlog 走红背后：正在成为品牌吸引年轻消费者的主流营销方式［EB/OL］．［2019-03-20］．https://www.sohu.com/a/302762180_309770.

[78] 视频营销之 Vlog 的五大营销形式！［EB/OL］.［2019-01-08］. https://www.jz08.com/article/10311. html.

[79] OPPO Reno2 摄影实力如何？ Vlog 博主实拍测试告诉你答案［EB/OL］.［2019-10-08］. https://new.qq.com/omn/20191008/20191008A0KZY100. html.

[80] 在巴黎的 168 个小时，想亲自飞去体验一下吗？［EB/OL］.［2018-11-05］. https://mp.weixin.qq.com.

[81] ENCORE # 在巴黎的 168 个小时 #［EB/OL］.［2018-11-14］. https://mp.weixin.qq.com.

[82]《在巴黎的 168 个小时》博主投票及留言点赞结果公布［EB/OL］.［2018-11-17］. https://mp.weixin.qq.com.

[83] 在巴黎的 168 个小时，像个巴黎当地人般爱这里 | 上篇［EB/OL］.［2018-11-08］. https://mp.weixin.qq.com.

[84] 在巴黎的 168 个小时，像个巴黎当地人般爱这里 | 下篇［EB/OL］.［2018-11-15］. https://mp.weixin.qq.com.

[85] B 站 @SavisLook 在巴黎的 168 小时 Vlog 主页［EB/OL］. https://search.bilibili.com/all?keyword=%E5%B7%B4%E9%BB%8E168&from_source=nav_search_new.

[86] 在巴黎的 168 小时【上】| 如果说有一个地方值得让你驻足，巴黎是永远的答案［EB/OL］.［2018-11-09］. https://www.sohu.com/a/274302380_644845.

[87] 在巴黎的 168 个小时【下】| 在戴高乐机场走一走，不留下一片云彩［EB/OL］.［2018-11-14］. https://www.sohu.com/a/275376606_644845.

[88] 北京市东城区文旅局“19 小时寻找北京”，发现这座城的“变与不变”［EB/OL］.［2019-10-24］. https://baijiahao.baidu.com/s?id=1648246061595906951&wfr=spider&for=pc.

[89] 东城区文旅局：上线营销活动“19 小时寻找北京”［EB/OL］.［2019-10-24］. http://www.pinchain.com/article/205425.

[90] 19 小时寻找北京［EB/OL］.［2019-10-24］. https://weibo.com/a/hot/7579536333019138_1. html?type=new.

[91] 快来晒出你的 VLOG 一人报名赢全家重庆免费游［EB/OL］.［2019-07-12］. http://gx.sina.com.cn/travel/2019-07-12/detail-ihytcerm3205578.shtml2.

[92] 全国知名 Vlog 博主扎堆来渝采风“中国锦鲤”点赞重庆旅游［EB/OL］.

［2019-07-22］. http://cq.sina.com.cn/travel/2019-07-22/detail-ihytcerm5506445.shtml.
［93］渝来渝好 VLOG 大晒跟着全国 Vlog 博主玩重庆［EB/OL］.［2019-08-16］. https://weibo.com/a/hot/7574953391069185_1. html?type=new.
［94］商务部部长钟山考察西安大唐不夜城步行街［EB/OL］.［2019-10-15］. https://3g.163.com/jiankang/article_cambrian/ERIB6DKI0514A3C1. html?referFrom=360&isFromOtherWeb=true.
［95］抖音发布 2019 数据报告，大唐不夜城成全年最火景点［EB/OL］.［2020-01-07］. https://www.sohu.com/a/365175607_348930.
［96］大唐不夜城步行街亮相“进博会”［EB/OL］.［2019-11-07］. https://www.360kuai.com/pc/9746a984d20f32cde?cota=3&kuai_so=1&sign=360_57c3bbd1&refer_scene=so_1.
［97］云游大唐不夜城线上感受大唐风韵［EB/OL］.［2020-04-07］. https://mp.weixin.qq.com/s/-NZYCq9f06070S1_99EMqQ.
［98］故宫口红一夜爆红：老品牌如何进行年轻化的营销革新？［EB/OL］.［2018-12-13］. http://www.woshipm.com/marketing/1732548. html/comment-page-1.
［99］故宫营销启示录［EB/OL］.［2019-02-20］. http://www.myzaker.com/article/5c6cb6a69e780b487c003b9c.
［100］故宫营销为何如此成功？［EB/OL］.［2019-04-02］. https://www.zhihu.com/question/37799252/answer/639391726.
［101］一年能卖出 10 亿的销售背后，故宫创意营销手段有多重要？［EB/OL］.［2018-10-17］. https://www.jianshu.com/p/0f1f93833054.
［102］600 岁故宫成新晋网红，你知道它有多努力吗？［EB/OL］.［2018-12-12］. https://www.ifanr.com/1145622.
［103］故宫角楼咖啡开门迎客［EB/OL］.［2018-12-04］. https://baijiahao.baidu.com/s?id=1618909608541269054&wfr=spider&for=pc.
［104］玩爆跨界营销的故宫为何如此出彩？［EB/OL］.［2019-01-18］. https://zhuanlan.zhihu.com/p/55198309.
［105］故宫的年轻化式营销，你被套路了吗？［EB/OL］.［2019-01-20］. https://www.sohu.com/a/295907951_518595.
［106］超级网红故宫，跨界营销大盘点！［EB/OL］.［2019-10-16］. https://www.

meihua.info/article/3430394654802944.

［107］许曦 . 短视频营销与网红景点的打造：以洪崖洞景区为例［J］. 中外企业家，2019.

［108］洪崖洞为什么这样红？［EB/OL］.［2018-05-09］. https://mp.weixin.qq.com/s/FU7TqhaC6epunE0ybUw1Mw.

［109］洪崖洞走红的个案研究［EB/OL］.［2018-09-01］. https://mp.weixin.qq.com/s/nTRG1PhbbGp7i8_wo85wrQ.

［110］重庆洪崖洞的网红之路［EB/OL］.［2018-06-06］. https://mp.weixin.qq.com/s/DYpWho74vqL4Xy0KRGV9iA.